オランダから見える日本の明日

――〈しあわせ先進国〉の実像と日本飛躍のヒント

元 在蘭日本商工会議所 会頭
大槻 紀夫

はじめに

オランダは「世界で最も豊かな国の一つ」で、国民の幸福度が高く、特に「子供の幸福度は世界一」です。オランダ人はどのようにして誰もが羨むこのような国を作ってきたのでしょうか。筆者は幸い在蘭日本商工会議所会頭及び帝人グループ欧州総代表として、オランダ政財界要人との折衝等を含め、オランダ政治経済の動きに間近で接し、手で触るような感じでその姿を観察するという格好の機会に恵まれました。筆者の四年余のなかなか得難い貴重なこうした駐在体験に基づき、「ため息が出るほど豊かな国」オランダの実像を紹介するのが本書の目的です。

オランダについて日本人が抱くイメージは一様でなく、これだと決め付けるわけにはいきませんが、私の身の回りでは、大よそ次のようなことが思い浮かぶケースが多いようです。

チューリップと風車の、のどかな国――私も赴任する前は、そのようなイメージを思い描いていましたし、大学時代の教養ある友人ですら「オランダって、ヨーロッパの田舎という印象だな」と言うほどですから、これは日本人の描く一般的オランダのイメージと言えそうです。

蘭学――オランダは、ご存じのように江戸時代に貿易を許され、長崎の出島に商館を置けた唯一の国でした。オランダが窓口となり紹介した当時の西欧の最新知識（＝蘭学）は、江戸時代から明治維新への転換期に、日本の歴史に大きな影響を与えたことはご存じのとおりです。

風紀の乱れた国――確かにオランダでは「コーヒーショップに行けば大麻が吸えるし、公認の飾り窓（売春）もあるし、同性愛同士の結婚や安楽死が合法化されている」ので、このような情報だけが先走ると、風紀が乱れた国となりかねません。実際に、一部の旅行者はこのようなオランダの社会風俗に魅力を感じるということもあるようです。私の知人の一人も、オランダに来るなり、「ちょっと、コーヒーショップに行ってくる」といって出かけて行ったものです。

サッカー――スポーツ好きな若者にとって、オランダといえばサッカーでしょう。小国オランダですが、スポーツが大変に盛んで、中でもサッカーは国民に特別な人気があり、その実力は間違いなく、世界のトップを争うほどのレベルを誇ります。サッカーはオランダの国技といっていいほどです。

オランダ人はケチ――ビジネスでは、オランダ人は交渉相手として手強く、非常に金に厳しいのは間違いありません。ビジネス関係以外の一般の方々も「オランダ人はケチだ」ということをどこかで聞いたことがあるでしょう。英語にも「Go Dutch」（割り勘）という表現がありますから、「オランダ人のケチ」は世界的なイメージのようです。その真偽はどうなのでしょうか。

アンネの日記――ユダヤ人少女アンネの日記はオランダのアムステルダムが舞台です。オランダでは、第二次世界大戦中、ドイツに五年間占領され、この間アンネを含めて一〇万人以上のユダヤ人がオランダからナチの強制収容所に連行されて殺害されました。また戦争末期には国内で二万人前後の餓死者が出るなど、大国ドイツに隣接する小国であるために第二次世界大戦では大変な辛酸をなめた国でもあります。

オランダは、インドネシアを搾取したひどい国――オランダが一七世紀から二〇世紀前半にかけてインドネシアから過酷な収奪をし続けたのは紛れもない事実です。オランダには、インドネシア人の血と汗で富を築いてきたという暗い側面があります。加えて第二次大戦後には、インドネシアを再び植民地として支配し続けるために現地で起きた独立運動を血生臭い武力で弾圧し国際社会から非難を受けた国でもあります。

他にもオランダは、自転車が飛びぬけて普及している、日本の武術が盛んだ（一九六四年の東京オリンピック柔道の無差別級決勝戦では、オランダ人のへーシンクが日本人の金メダリスト候補神永を破って、日本人に衝撃を与えた）、世界一国民の平均身長が高いなどいろんな特徴があります。

本書では以上のような様々なオランダの特徴も織り交ぜながら、日本の多くの人々が思ってもみなかったようなオランダの本当の姿、「国民が最も豊かで、最も幸せな国」の実像を紹介していきます。オランダには日本の明日を考えるうえで参考になる重要なヒントがたくさん隠されているのです。

第2章　稼ぎまくった近世　19

第6章　一歩先を行く経営

第1章　ため息が出るほど豊かな国

1　地球上で最も豊かな国

「小国なのにこんなに繁栄しているオランダのやりかたをわれわれはもっと勉強して、この国のやりかたを参考にする必要があります。」

二〇〇三年にオランダに赴任して間もなく、ハーグにある日本大使館に着任のご挨拶に伺った際、当時の小池大使が私にこう言われました。

私は二〇〇七年に帰国するまでオランダで四年余暮らしましたが、オランダを知れば知るほど、この小池大使の言われたことを自分でもまた感じるようになりました。オランダに駐在する多くの日本人駐在員も同じように感じるようです。

住むにつれ、オランダは、「ため息が出るほど豊かな国」だという実感がわいてきます。国土が実に美しいのです。国全体からゆとりが感じられます。またオランダの黄金の世紀だった一七世紀の建造物を含め、中世以来の荘重な建造物は至る所で大事に保存されていて、この国の繁栄が何百年も前から続いてきたことを示しています。

一方、今の経済活動の根幹を支える空港、港湾、高速道路、運河などの経済的インフラは、日本のそれよりも優れているのは歴然で、そのレベルは自他ともに認める世界最高の水準です。運河の船泊りには個人所有のしゃれたヨットやクルーザーが所狭しと係留され、高所得人口の多いことをうかがわせます。都市の中にも郊外にも羨ましいばかりの広大で美しい公園が広がり、国のゆとりを感じさせます。しかも、この国には自由で、開放的で、柔軟な雰囲気があります。

イギリスの経済誌『エコノミスト』は今のオランダの豊かさについて、次のような表現をしています。

オランダ人は地球上で最も豊かな国民の部類に中に入る
The Dutch are among the richest people on earth.(1)

このように、オランダの豊かさは世界中が認めていると言ってよいでしょう。

またオランダ人自身が書いた『オランダ人との交際の仕方』(2)という本にも、今のオランダ人の貯蓄と投資に関して次のような表現があります。

オランダ人の貯蓄と投資の総計は、ほとんど推測不能なほど巨額だ。

The total amount of Dutch savings and investments runs into almost incomprehensibly large figures.

オランダ人には使う金が山ほどあり、それを楽しむ時間がないので、もはや「時は金なり」ではなく、「時は金以上のもの」だ。

With plenty of money to spend and little time to enjoy it, time is money no longer; time is much more than money.

何とも羨ましい限りです。このようにオランダは自他ともに認める豊かな国で、その豊かさはわれわれ日本人から見ると「ため息が出るほど」なのです。一体なぜそんなに豊かなのでしょうか。これからその豊かさの秘密を解き明かしていきましょう。

その本題に入る前に、先ずオランダの概要を国土の地理的位置づけや特徴なども含めて見ていくことにします。

2　大国に囲まれている小さな君主国

最初に、オランダがヨーロッパのどの辺りにあるかを確認しておきましょう。オランダの東には大国ドイツ、南にはベルギーを介して大国フランス、西には海を隔てて大国イギリスがあります。オランダは英独仏などの大国に囲まれた、ヨーロッパの小国です。面積は九州とほぼ同じ、人口は約一七〇〇万人で日本の人口の八分の一です。その緯度は日本よりはるか北で、北海道のさらに北のサハリン（樺太）北部と同じです。海流の影響で緯度の割には温暖です。さすがに冬は日照時間が大変短く、寒くて陰鬱ですが、逆に夏は一一時頃まで太陽が沈まず、大変快適に過ごせます。

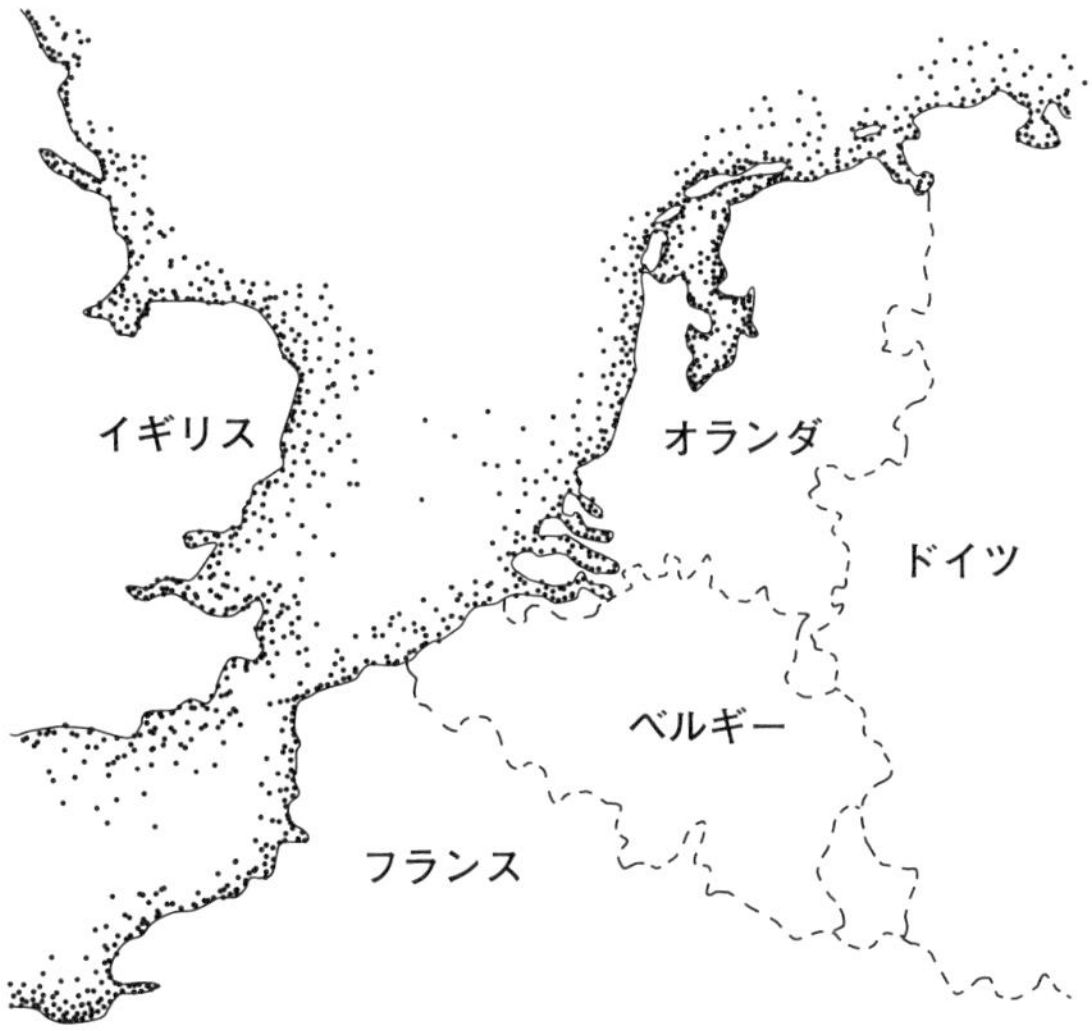

大国に囲まれたオランダ

国名が表す土地の低さ

オランダの政体は君主制です。

公式な国名は「オランダ王国」で、英語では The Kingdom of The Netherlands と表現します。「オランダ」という呼称は、オランダの代表的な州の名前に由来します。ホランド（Holland）州が歴史的に最も栄え、世界的な影響力も強かったので、州の名前が同時に国

「黄金の 17 世紀」を彷彿とさせる
運河沿いの豪邸群

運河クルーズはアムステルダム観光の
目玉の一つ

運河が同心円状、放射状に張りめぐらされているアムステルダム
Wikipedia, Author Swimmerguy269

を表すようになったものです。

英語のNetherlandsとは、低い土地という意味で、この言葉は海抜の極めて低い低地だけから成り立っているオランダの国土の特徴をよく表しています。英語でもくだけた表現の場合にはHollandを使い、Netherlandsはどちらかといえば公式的、儀式的、外交目的に使われています。

オランダ人のことを英語ではDutch（ダッチ）といいます。Dutchは、丁度Japaneseが名詞として「日本人」を、形容詞として「日本の」を表すように、名詞としては「オランダ人」を、形容詞としては「オランダの」という意味で使われます。英語でDutchを使った熟語を調べると、Go Dutch（割り勘）やDutch Courage（から元気）などオランダ人を馬鹿にしたようなろくでもないものばかり出てきますが、どうしてなのでしょうか。その理由は第2章で説明します。

人種のるつぼ――首都アムステルダム

マスコミなどによく出てくるオランダの主要な都市を簡単に紹介しましょう。首都はアムステルダムです。アムステルダムはオランダのビジネスの中心都市です。人口は八〇万人で、そのうち約半分が移民で、居住者の国籍は約一八〇ヵ国におよぶ世界有数の国際色豊かな都市です。日本人駐在員もその大部分は、アムステルダムおよびその近郊に居住しています。

アムステルダムは、北のベニスと呼ばれる運河の街でもあります。運河沿いには一七〜一八世紀の建物が建ち並び、今でも大事に使われています。この都市を上空から見ると、運河が同心円状と放射状に張り巡らされ、水運が便利な商都として計画的に建設されていることが分かります。この運河地域の景観は、二〇一〇年にユネスコの世界文化遺産に登録されました。

余談になりますが、一七世紀にアムステルダムに研修に来たロシアのピョートル大帝は、この地をモデルにサンクト・ペテルブルグを建設しました。アムステルダムは、一七世紀当時はピョートル大帝がモデルにするほど世界最先端の都市であり、それほど繁栄していたのです。

政治の街ハーグ、港湾都市ロッテルダム

ハーグは、アムステルダムの南に位置する政治の中心都市です。オランダ王室や政府機関、日本大使館をはじめとする各国大使館、国際司法裁判所などの国際機関がハーグにあります。このため、オランダの首都はハーグだと誤解されることがままあるようです。静かな落ち着いた街で、人口は五〇万人です。

ロッテルダムはハーグの南、ライン川やマース川の河口に位置する一大港湾都市で、コンテナ取扱量はヨーロッパ最大です。この街は古いたたずまいを残す他の都市と異なり、第二次大戦初期にドイツ軍の爆撃で街の大半を破壊されてしまったため、戦後はモダンな都市として再興されました。人口は六〇万人で、日本の駐在員がアムステルダムに次いで多い都市です。

ローマ時代からの古都ユトレヒト

ユトレヒトはハーグの東にあるローマ時代に建設された由緒ある古都で、名門ユトレヒト大学があるので、大学の街ともいわれます。人口は二〇万人で、風情ある落ち着いた街です。

古都ユトレヒト

政治の中心ハーグにある国会議事堂

アムステルダム、ハーグ、ロッテルダム、ユトレヒトの四つの都市に囲まれた地域を「ランドスタッド（都市によって作られた輪）」といい、オランダの人口の約半分である七〇〇万人がこの地域に居住しています。日本で言うところの、東京を中心とする首都圏と言えます。この四都市以外に、国の南端にマーストリヒト条約（一九九二年に共通通貨ユーロの導入を合意した条約）で有名な、マーストリヒトがあります。この街もユトレヒト同様、ローマ時代以来の都市で、古い歴史を感じさせます。人口は一〇万人です。

3　絵のように美しい国土

国土の四分の一は海面下

次に、美しい景観を持つオランダの国土の特徴を一瞥してみましょう。

オランダの国土は意外なことに、その美しい景観からは想像できない大変過酷な自然条件の下にあります。オランダは三つの大河（ライン川、マース川、スヘルデ川）の河口にあり、海抜の低い低地ばかりです。その国土の二六％は海面より低いレベルにあり、国土の三分の二は、堤防なしでは高潮などのために浸水、水没する可能性があります。国土に絶えず浸水の恐れがあり、絶えざる水との戦いを宿命づけられた国なのです。

オランダ人はこの自然条件の過酷な国土を、高い治水技術と不撓不屈の精神力で干拓し、この世の楽園かと見まがうばかりの美しい国土に作り替えたのです。「神は世界を作ったが、オランダ人はオランダを作った」と言われるゆえんです。世界的に非常に評価の高いオランダの国際空港、スキポール空港も、その海抜はなんとマイナス五メートル、海面よりはるかに低い位置にあり、その事実を聞かされた時には信じられない思いをしました。

そのような成り立ちを持つオランダの国土は、日本と違って真っ平で、どこまで行っても平坦です。山らしい山はなく、遮るもののない大空の下に整備された美しい田園風景が延々と続くのがオランダの典型的な郊外の景色です。南部にはやや丘陵がありますが、それでも国の最高地点はたかだか三二二メートルにすぎません。

治水なくしてオランダなし

国土に絶えず浸水の恐れがある国なので、治水こそが国の命運を左右します。治水はオランダの生命線で、完璧な治水なく

絵のように美しい国土
By coutesy of Mr. Pereboom

してオランダはあり得ないのです。治水の技術と施設がオランダにとって最も重要なインフラと言って過言ではありません。なにしろ少しでも油断すれば、国土の三分の二が水没してしまうのですから。現実に二〇世紀にも大災害が発生しているのです。一九五八年、嵐と高潮が重なって南部にあるジーランド州の堤防が決壊して大洪水が発生し、その結果約一八〇〇人が死亡、オランダの全農地の九％が冠水するという大惨事が起きたのです。

このような水害の再発を防ぎ国土を守るため、オランダは国を挙げて治水に取り組んでいます。国民は治水の目的のために特別に「治水税」を払います。これは駐在員たちも払わされます。国は「治水委員会」を設け、全国の運河、ダム、堤防、水門などの治水施設を一元的に管理しています。延べ五〇〇〇キロメートル以上ある国内の運河の水位や水質は、この組織により日々厳重に監視され管理・運営されています。堤防が堅牢に保たれているか把握するため、堤防の水分含有量も日々きめ細かくモニターしているそうです。運河が農地や住宅より高いところを流れている光景はオランダでは珍しくありませんが、このきめ細かい治水の監視と管理のおかげで、今のオランダ人は安心して運河や海面より低い土地に住んでいられるわけです。

低地で常に浸水の恐れのあるオランダで治水を完璧に行うためには、言うまでもなく国土のすみずみに至るまで管理の目を行き渡らせ、長期的な視点に立った計画的な国土づくりが不可欠でした。しかもその国土の大半は、先祖以来の汗と苦労の結晶として、干拓し守ってきたものですから、一平方メートルと言えどもないがしろにできません。その結果として、整然と整った、まるで箱庭のような美しい景観の国土が生まれてきたのです。オランダを訪問した旅行者は、誰もがその整然と手入れの行きとどいた国土の美しさに感嘆してしまいます。過酷な自然環境を克服し、その上に築かれたこの美しい景観は、オランダ人の誇りになっています。

オランダ人は、災い（過酷な自然条件）を転じて福（美しく整備された国土）となしたのですが、オランダ人が得たものはそれだけではありません。この過酷な風土は、オランダ人の「堅忍不抜、勤倹節約の国民性」を生んだのです。絶えざる水との戦いの中で養われた不撓不屈と勤勉の精神こそがオランダ人が得た最大の財産で、この国民性がオランダの繁栄に欠かせない役割を果たすことになります。

4　オランダはオランダ人が作った

治水技術は世界一

二〇世紀になってからも水害を防ぐために、二つの国家的な大治水事業が推進されました。非常にスケールの大きな治水工事の割には日本で紹介されることがありませんので、簡単に紹介しておきましょう。

二つの大治水事業とは、オランダ北部の内海ゾイデル海と北海とを遮断する「大堤防プロジェクト」と、オランダ南部の海が複雑に入り組んだ地域に一三の水門を築く「デルタ・プラン」です。オランダ人は、この二つの事業で作った治水施設を世界最高水準の治水技術を示すものとして、ひそ

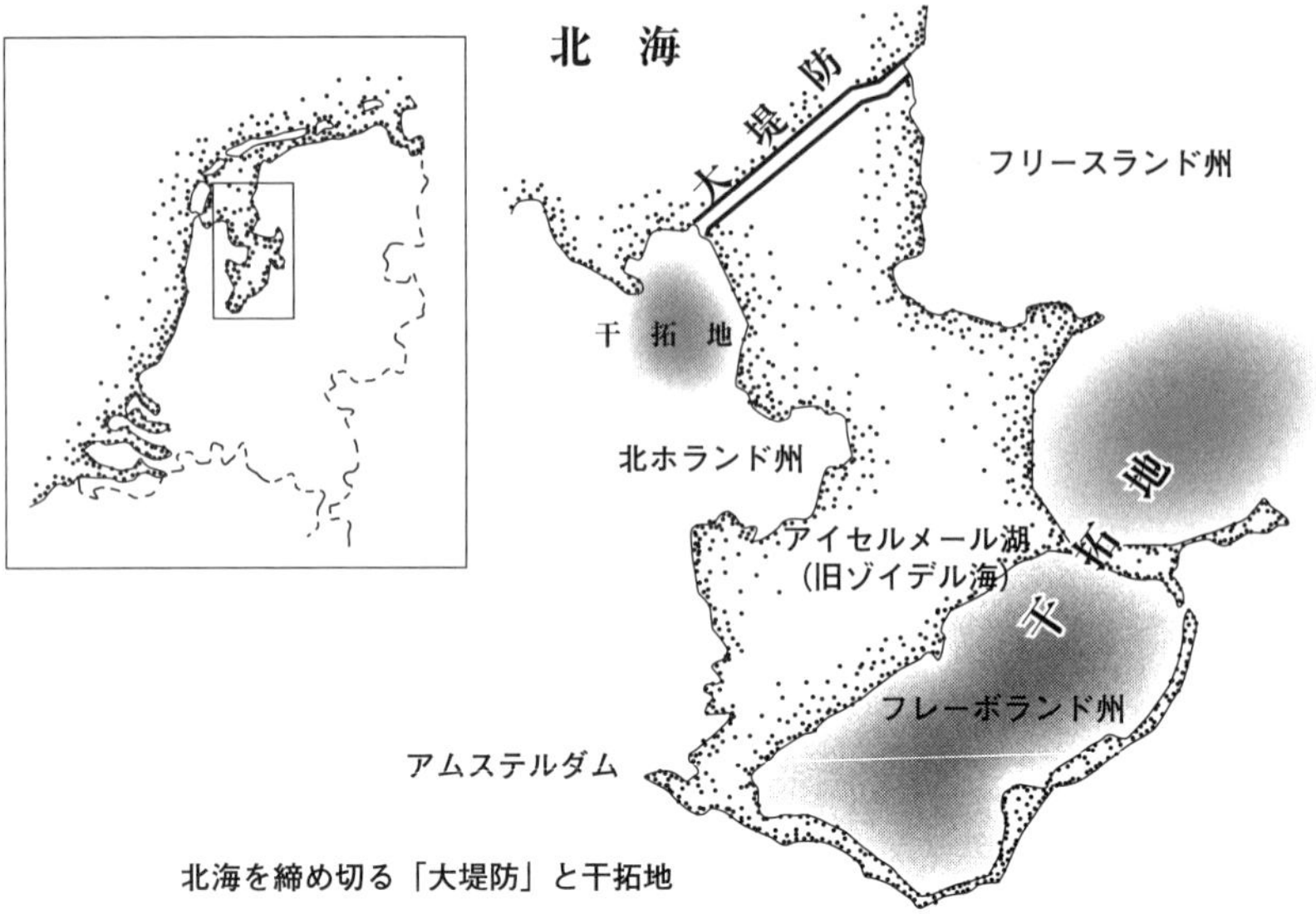

北海を締め切る「大堤防」と干拓地

かに誇りにしています（彼らは自慢することを「はしたない」と思っていて、表立って自慢することはしません）。

北海を締切った「大堤防」

アムステルダムが面する内海ゾイデル海（今のアイセルメール湖）の地域を高潮などの水害から守り、干拓地を増やす目的で、この内海と外海（北海）の間を締め切る大堤防の建設工事が二つの世界大戦の間の一九二七年から六年かけて行われました。ここに堤防を築くことは、長年のオランダ人の願いでした。北海の波濤が押し寄せるため大変な難工事でしたが、全長三〇キロメートルの大堤防が一九三二年に完成し、その大堤防の上を今はオランダ南部と北部を最短で結ぶ、みごとな高速道路が一直線に走っています。この高速道路では、周囲に視界を遮るものがないので、左右に北海とアイセルメール湖を見ながら実に快適なドライブが楽しめます。

大堤防の工事完成後、東京都とほぼ同じ面積が干拓され、そこに新しい州、フレーボランド州が誕生しました。干拓を続けようと思えば干拓の余地はまだまだあったのですが、自然との調和の観点から、残りの地域の干拓は中止となり、内海だったゾイデル海は、現在はアイセルメール湖という名の淡水湖として、魚の養殖やマリーンスポーツを楽しむ場になっています。環境保護先進国オランダらしい判断です。

大堤防はアムステルダムから北に車で一時間ほどの距離にあり、私は出張者が訪れてくる都度、オランダという国を実感してもらうため、大抵ここに案内をすることにしていました。海を仕切って作られた大堤防を見て、「本当のオランダの姿に触れた思いがする」、「オランダの底力を感じる」などとほとんどの方に喜んでいただけました。一般の日本人旅行者が、なかなかここまで足を延ばすことがないのは、その意味で大変残念な気がします。

五〇年もかかった治水工事「デルタ・プラン」

二〇世紀に行われた二つ目の国家的大治水プロジェクト、「デルタ・プラン」を次に紹介しましょう。

オランダ南部に位置して、ベルギーと国境を接するジーランド州は、海が低い陸地に複雑に入り込み、高潮や高波などによる水害を大変受けや

北海を締切った「大堤防」と高速道路
wikipedia, unknown Author

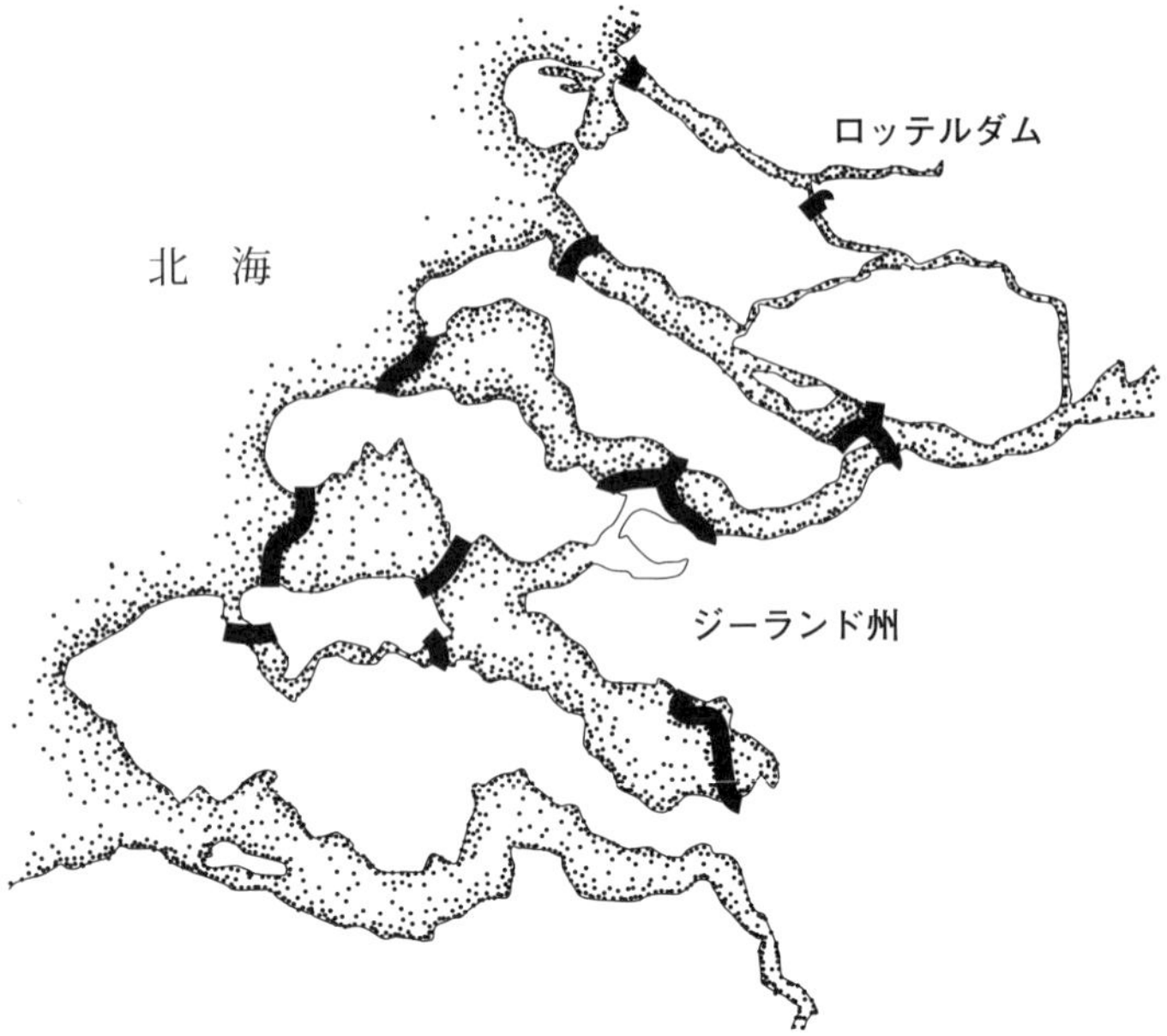

オランダ南部を水害から守る13の水門

すい地形をしています。先に述べたように、一九五八年の堤防決壊による大災害もこの州で発生したものです。この地域に一三の巨大な水門を作るプロジェクトが「デルタ・プラン」と呼ばれるもので、第二次大戦後に国を挙げた取り組みが行われました。

環境保護先進国オランダらしく、このプロジェクトは生態系の維持など、自然保護に細心の配慮をしながら推進されたので、一九九七年に一三番目の最後の水門が完成するまでに約五〇年という長い年月を費やすことになりました。一三の水門はそれぞれの地形に応じて水門の形が異なっており、オランダ人の治水技術がなみなみならないものであることが素人目にも感じられます。最も長い水門は九キロメートルです。私はジーランド州にあるデルタ・プランの記念博物館で、この最も長い水門の工事の様子をビデオで見ましたが、潮の干満、複雑な水流などで大変難しい工事だったようです。

　余談ですが、ニュージーランドの国名は、この巨大水門のあるジーランド州にちなんで名づけられたものです。ニュージーランドは二〇世紀前半までイギリスの植民地でしたが、もともとこれを最初に発見し命名したのはオランダ人だったのです。

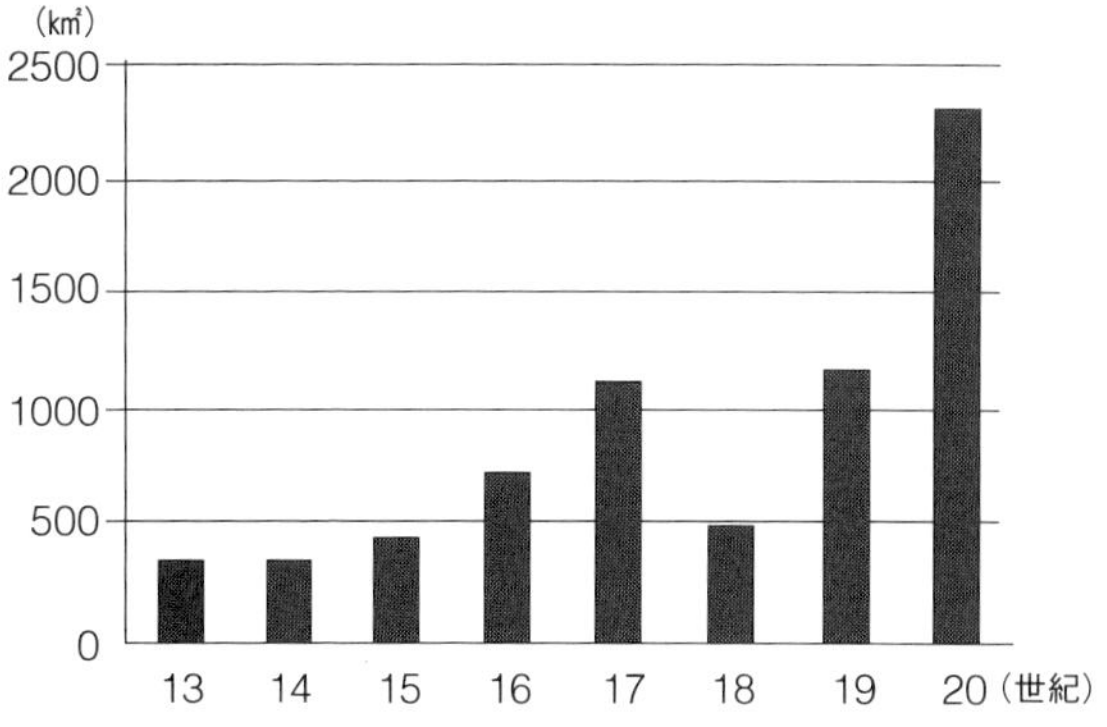

図表 1-1　各世紀ごとの干拓面積[3]

オランダはオランダ人が作った

　大堤防やデルタ・プランの水門を実際に見ると、フランスの詩人ヴォルテール（一六九四〜一七七八）が言った「神は地球を作ったが、オランダ人はオランダを作った（God created the earth except Holland, for the Dutch did that. By French poet Voltaire）」ということが実感として納得できます。また、その構想力の大きさとそれを何がなんでも実現する強い実行力に、オランダの本当の姿、底力といったものを改めて見る思いがします。

　一三世紀以来の干拓地面積の推移を表したのが**図表1−1**です。この表から一三世紀以来、東京都の三倍以上の面積を干拓してきたことが分かります。まさに「オランダはオランダ人が作った」のです。

　もちろん今でもオランダの治水技術は世界の最高水準です。

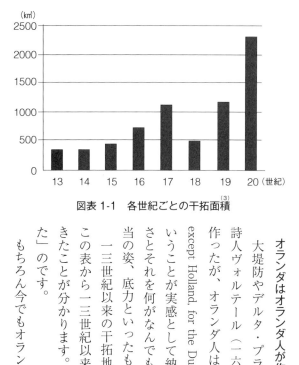

コラム　日本の治水はオランダの技術だった

治水では、日本とオランダは非常に深いつながりがあります。

オランダの進んだ治水技術は、明治時代の日本の国土づくりにも大きな貢献をしているのです。「お雇い外国人」として明治政府と契約した代表的なオランダ人治水工学者として、ファン・ドールン、デ・レーケの二人がいます。

ファン・ドールン（1837 ～ 1906）は明治５年から明治 13 年まで８年にわたり日本に滞在し、河川、港湾、灌漑施設の整備に貢献しました。中でも福島県の安積疏水《あさかそすい》は、郡山から猪苗代湖にかけての原野を１万ヘクタールの一大穀倉地帯にするという大きな成果を収めました。彼の偉業を顕彰する銅像が猪苗代湖の湖畔に建てられており、この銅像は地元の人々から、今でもとても大切に扱われています。

デ・レーケ（1842 ～ 1913）は、明治６年から明治 36 年まで 30 年にわたり日本に滞在し、日本の砂防や治山の工事を体系づけました。中でも、木曽三川《きそさんせん》（木曽川、長良川、揖斐川《いびがわ》）の治水には、10 年にわたり心血を注ぎ、これを成功させました。この偉業を顕彰して、河口にある木曽三川公園に銅像が建てられており、地元の人々は今でも彼の功績を忘れずに讃えています。その他にも淀川の改修や大阪港の築港など、日本各地で治水事業を指導し、大きな貢献をしました。

猪苗代湖畔に立つファン・ドールン銅像

第2章 稼ぎまくった近世

ここから「オランダが、ため息が出るほど豊か」なのはなぜかという本題に入ります。豊かであるためには、富の蓄積（蓄え、経済用語ではストックという）が大きいか、あるいは現在の収入（かせぎ、経済用語ではフローという）が多くないといけません。驚くことに、オランダはこの両方の要件を満たしている国、つまり富の蓄積（蓄え）が大きく、その上今でもしっかり稼いでいる国なのです。

オランダは、一六世紀以来の長い交易の歴史を通じて繁栄してきました。その結果として、具体的な数値は把握できないのですが、この期間に相当な富を蓄積したものと推定されます。これに加えて、現在もEUの優等生として強い経済競争力を持ち経済的繁栄を続けているのです。

この章では、富を蓄積してきたオランダの近代経済の歴史を簡単に振り返り、次の章で現在のオランダ経済の強さの秘密に迫りたいと思います。

1　繁栄の起爆剤になったニシン漁

一七世紀はオランダの黄金時代と言われます。一七世紀にオランダは世界最初の超経済大国になりました。一七世紀の黄金時代を招来する繁栄の起爆剤になったものからまず見ていきましょう。その起爆剤になったものとは、意外にも漁業、ニシン漁でした。

世界で初めて工船方式を採用

一四世紀にオランダ人がニシンを長期保存するための「塩漬の技術」を開発したことにより、その後ヨーロッパで保存食としてのニシンの需要が飛躍的に高まりました。オランダは船上ではらわたを抜いて塩漬け加工をするという漁業史上初の画期的な工船方式を採用しました。塩漬けニシンは港に運ばれ樽詰め作業を経て、重要な輸出品となりました。その品質については、国が品質基準を決め、国が品質検査をして品質保証（一二ヵ月保存可能）するという先進的管理をしましたので、オランダ製の塩漬けニシンは市場から特に高い評価を得ました。このためニシン漁とその加工はオランダが最も得意とするところとなり、一六～一七世紀の二世紀にわたり西欧で独占的地位を占めました。一六三〇年、オランダのニシン漁獲量はヨーロッパ全体のそれの半分に達した程です。こうしてオランダはまずニシン漁で富を蓄え次のさらなる発展の基礎を築いたのです。

造船技術と航海技術を磨いたニシン漁

漁場は、オランダから八六〇キロメートル離れた北海のシェットランド諸島近海などで、そこに到着するまでに当時の五〇〜八〇トンクラスの漁船で五日間の航海が必要でした。一シーズンに三回以上の航海を行い、漁場につくと五〜八週間操業を続けました。一六世紀後半以降にニシン漁に出漁した船の数は、年間七〇〇〜二〇〇〇隻にも達しました。

活況を続けたニシン漁はオランダに富をもたらしただけではありません。ニシン漁はオランダの航海技術と造船技術を育て、オランダの造船業と海運業の競争力を高め、オランダのシーパワーの基礎となる海洋人材を育てました。このようにして、ニシン漁はその後のオランダ発展の起爆剤となったのです。

解禁されたばかりの初ニシンをオランダ本国に運ぶ快速運搬船として開発されたのがヨットの原型です。ヨットはオランダのニシン漁の産物なのです。オランダ人は今でもニシンが大好物で、ニシンの初物は王室に献上されるほどです。

2　バルト海貿易で富裕国に

オランダが周辺諸国から妬まれるほど繁栄しだしたのは、バ

ニシン漁船、世界で初めての工船
wikipedia, public domain

ルト海貿易を始めてからでした。バルト海とは、スカンジナビア半島とヨーロッパ大陸に囲まれた内海で、沿岸にはドイツ、ポーランド、バルト三国、ロシア、フィンランド、スウェーデン、デンマークなどの国があります。中世のこの地域では、穀物、木材、塩が豊富に産出され、その貿易は歴史上有名な同業者組織「ハンザ同盟」が独占していました。オランダは一四三七年に艦隊を派遣し、武力でハンザ同盟が長年培ってきた独占的商圏を切り崩しました。それ以降、バルト海貿易はオランダの独壇場になりました。

オランダの大海運力

バルト海貿易を制したオランダの切り札は大海運力でした。オランダは当時ヨーロッパ最大の造船国であり海運国でした。製材のために盛んに風車を利用したので造船コストは安く、船は高性能で、納期は短いので注文が殺到し、造船業は大いに栄えました。また商船隊の運賃は圧倒的に安く、ニシン漁で鍛えられて航海術も優れていたので、オランダの海運業には他の国を寄せ付けない競争力がありました。造船やニシン樽用の木材は、バルト海貿易を通じてオランダに大量に輸入されました。

穀物取引の中心地アムステルダム

バルト海貿易で中核だった商品はバルト海沿岸で産出する穀物で、その取引の拠点であり集散地だったアムステルダムはヨーロッパ最大の穀物市場になりました。一方でバルト海諸国に輸出された主要商品は、オランダの特産品塩漬けニシンでした。この塩漬けニシンに使う塩も、穀物や木材と同じようにバルト海諸国からオランダに大量に輸入されました。アムステルダムにはヨーロッパ各地から商人が集まり、一七世紀はじめにはそれまでのヨーロッパ最大の穀物市場に加えて、ヨーロッパ最大の金融市場を持つにいたります。当時の人はアムステルダムを、「世界の倉庫、富裕の地、財宝の集うところにして、神々の愛する土地」と言ったほどです[1]。

このバルト海貿易は一六世紀後半のオランダを当代随一の富裕国にしました。その繁栄ぶりは、イギリスやフランスなど近隣の大国の妬みを買うほどのものでした。

バルト海貿易は、後で述べる東インド貿易と並んで、オランダの「黄金時代」にとって同じくらい不可欠なものでした。

3　東インド会社が築いた莫大な富

一六〇二年、オランダは東洋進出のために世界で最初の株式会社、東インド会社を設立しました。東インド会社（以下、オランダ風にならってVOCという）と言えば、イギリスの会社の方が有名ですが、一七世紀当時にはオランダの会社が圧倒的に

東インド会社の帆船「アムステルダム号」
By courtesy of Mr. Pereboom

黄金の 17 世紀の象徴、レンブラント「夜警」
wikipedia, public domain

大きく、資本金はイギリスの会社の一二倍以上もありました。オランダ政府はＶＯＣに貿易の許可だけでなく、軍事、外交の権限をも与えましたので、外国にとってＶＯＣはオランダそのものでした。

広範なネットワークの三国間貿易

ＶＯＣはバタヴィア（今のインドネシアの首都ジャカルタ）に本部を置き、インドネシアのモルッカ諸島の先住民を虐殺追放するなどして、奴隷プランテーションを立ち上げ、胡椒や香辛料をヨーロッパに運び高い収益を上げました。

ＶＯＣはアジア進出と共に、短期間にアフリカから日本まで驚くほど広範囲にわたって貿易のネットワークを築きあげました。ＶＯＣが支配ないし貿易を独占した地域は、南アフリカ、西アフリカ、インド、スリランカ、バングラディシュ、マレーシア、インドネシア、台湾、日本、オーストラリア、ニュージーランドなどにおよびます。ＶＯＣが行ったビジネスの特徴は、アジア域内の三国間貿易を盛んに行って本国に最大の利益をもたらすように工夫したことです。

莫大な利益を生んだ日本貿易

コラム　オランダ船の日本初到来

オランダの船が初めて日本に到来したのは、ちょうど1600年で、この船はオランダから大西洋を横断し、南アメリカ最南端のマゼラン海峡を経由、太平洋を横断する2年にわたる長い航海をしてきました。この航海が示すように、当時のオランダは我が国に比べ隔絶した造船と航海の技術を持っていたのです。その造船技術と航海技術もさることながら、長期航海に挫けず目的地に向かったオランダ人の強靭な精神は何よりも敬服に値します。この船の乗組員ウイリアム・アダムス（日本名は三浦按針）とヤン・ヨーステイン（八重洲の地名の起こりといわれる）が、徳川幕府に大変重用されたのは有名な話です。

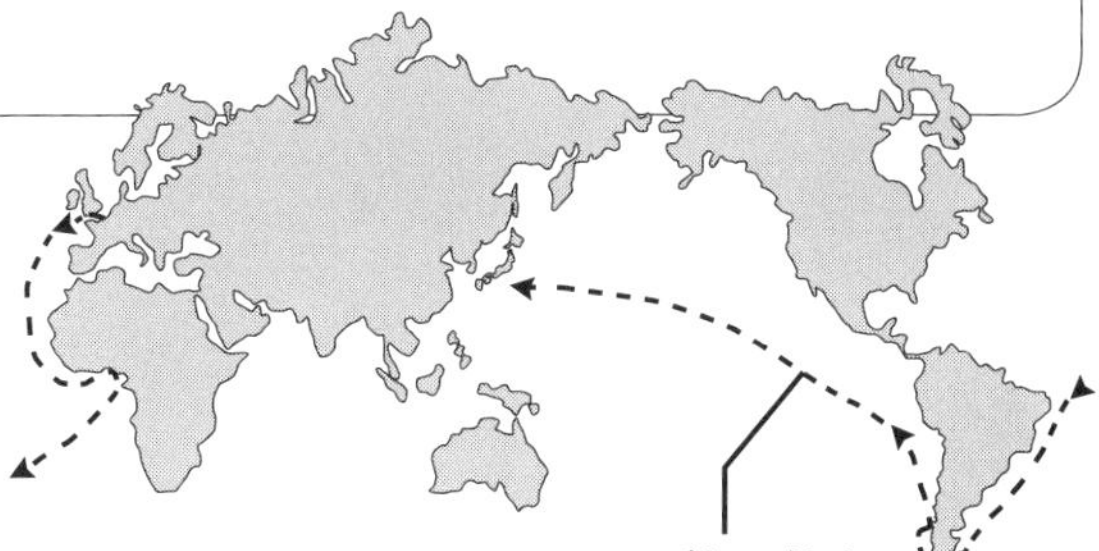

オランダ船の航路

三国間貿易の典型的な例は、占領地を含むアジア各地で調達した特産品を中国へ輸出し、中国で見返りに日本向けの絹、綿織物、磁器を獲得し、日本に持ち込むというものです。オランダと日本は、一六〇九年に貿易を開始しました。

日本はオランダのもたらす商品に見合う程の輸出品を持たなかったので、対価を現金（金銀銅）で支払いましたが、貴金属の国際相場に疎かった日本は大変割高な取引を続けました。一七世紀には、日本はＶＯＣに現金（金銀銅）をもたらす最大で唯一の貿易相手国でした。一六三七年におけるＶＯＣの利益総額のうち、日本貿易が占める割合は実に七割以上に達しているほどです。ＶＯＣは、日本の鎖国政策のおかげで、格別に収益が高い対日貿易を独占できたので、莫大な利益をあげ続けることができたのです。あまり知られていませんが「オランダの黄金の一七世紀」の繁栄には、このような形で日本が多大な貢献をしていたのです。一方、日本はこの取引に伴う金銀銅の莫大な流出のおかげで、すっかり鉱物資源の乏しい国になってしまいました。

植民地インドネシアからの収奪

ＶＯＣは一八世紀末に幕を閉じますが、一七九九年以降は代わってオランダ政府が直接インドネシアの植民地経営に乗り出します。政府は、植民地に悪名高い過酷な強制栽培制度を導入し、水田の五分の一を強制的に商品作物（コーヒー、砂糖、藍）にさせ、言い値で買いたたきました。この強制栽培制度により、巨額の富を植民地から絞り取ったのです。そのため農民はしばしば飢餓に苦しめられ、餓死者がかなり出た地方もありました。一九世紀に破産寸前だったオランダの財政危機は、この植民地から上がる莫大な収益により救われました。特に一八五〇～六〇年代には、この植民地収奪による収入はオランダの国庫収入の三分の一近くを占め、年によっては半分を超えることもありました。

このオランダの植民地経営は長期間におよび、第二次世界大戦で日本がインドネシアを占領する一九四一年まで続きました。

4　西インド会社と奴隷貿易

コラム　命がけの航海

VOC時代の航海は命がけでした。VOCが存続した約200年間（1602～1799）に、100万人がアジアに出航して、帰国したのは半分の50万人でした。残りは航海途上で亡くなったか、一部は現地で定着しました。船乗りはオランダ人だけでは足りず、100万人のうち50万人はドイツを中心にする外国人でした。航海は大変リスクが高く、命を落とす人が多かったので、ドイツでは「オランダはドイツ人の墓場」と言われたそうです。そういえば、江戸末期に日本に多大な影響を与えたシーボルトもオランダ人ではなく、ドイツ人でした。

西インド会社（以下、オランダ風にならってＷＩＣという）は、アメリカ、アフリカ貿易のために東インド会社（ＶＯＣ）の設立より二〇年後の一六二一年に設立されました。

奴隷貿易のうまみ

ＷＩＣが行った貿易の内容は、極めて非人道的なものでした。その貿易は、オランダから織物や酒などの商品をアフリカに持ち込んで奴隷と交換し、その奴隷をアメリカで売却し、アメリカから塩、砂糖などを本国に持ち帰るという三国間貿易でした。オランダは盛んに奴隷貿易を行い、アフリカから運んだ奴隷の数は、ＷＩＣが存続した一八世紀末までに約五〇万人という記録が残っています。オランダの奴隷貿易はＷＩＣが解消された一七九一年以降もさらに一八六三年まで続きました。オランダが奴隷貿易を廃止したのは、ヨーロッパの中では最も遅く、その理由は余りに奴隷貿易が高収益過ぎて止められなかったのです。

ヨーロッパの列強はどの国も奴隷貿易を行いましたが、最も盛んに行ったのはポルトガルで、オランダはそれに次ぐ規模でした。アフリカからアメリカに運ばれた奴隷の数は、一〇〇〇万～一二〇〇万人と推定されています。

カリブ海植民地で塩と砂糖を生産

オランダは塩、砂糖を作るために南米、カリブ海に植民地を作りました。塩は、冷蔵庫のない時代に食品保存の手段を提供するものとして、そのとてつもない経済的価値と高い需要のため、しばしば「白い金」と呼ばれました。オランダ人は、高収益のニシン貿易に深く関与していたので、彼らはニシンを保存するために、大量の塩が必要だったのです。カリブ海諸島は、オランダの塩の供給源になり、まもなくオランダのニシン産業の不可欠の部分になりました。

今でもカリブ海にオランダ領アンティルがあり、オランダの植民地だった南米のスリナムは、一九七五年に独立しましたが、オランダには少なからぬスリナムからの移民がいます。

5　風車は繁栄の動力源――多用途に応用された風車

オランダの繁栄は、オランダの風景を彩る風車の貢献を抜きには語れません。

風車は当時のハイテク機械装置で、蒸気機関が発明されるまでは産業を支える重要な動力源でした。風車は多用途に応用され、オランダの競争力に大きな貢献をしました。その主な用途は次の通りです。

①干拓地排水――風車を動力としたアルキメデス・スクリューにより五メートルの高さまでの揚水が可能でした。

②製材――製材の動力源として造船業の発展に多大な役割を果たしました。

当時のハイテクマシーン「風車」内部

③塗料、顔料製造――塗料は船に欠かせず、造船業と共に需要が増えました。この時代からの塗料づくりの伝統を受け継ぎ、塗料事業では今でもオランダの化学会社アクゾー・ノーベルが世界ナンバーワンです。

④脱穀、粉ひき、搾油――バルト海の穀物貿易を陰で風車が支えていま

最盛期には 8000 ～ 1 万の風車が稼働
提供：日通・内山氏

した。

風車の数は、最盛期には八〇〇〇～一万基もありました。

6　富を上限まで獲得したオランダ

オランダは、以上に紹介したように一六世紀以来、「ニシン漁」「バルト海貿易」「東インド会社と植民地経営」「西インド会社と植民地経営」「風車の大規模な応用」などを通じて、大変繁栄しました。そのあまりのオランダの繁栄を妬んだイギリスが、何度もオランダに戦争を仕掛け、勢力を削ぎ、商圏を奪おうと試みたほど、当時のオランダの繁栄は群を抜いていたのです。一七世紀だけで三度の英蘭戦争がありました。

オランダの繁栄について、一八世紀末に著名なイギリスの経済学者アダム・スミスは、代表的な著書『富国論』の中で次のように表現しています。

オランダは、土壌と気候の性質、ならびに他の国々との位置関係が許す限りにおいて、富を上限まで獲得した国だ。

コラム　英蘭戦争と Go Dutch

オランダの経済的繁栄は、近隣諸国、特にイギリスの妬みを引き起こしました。それが原因で 17 世紀にオランダとイギリスの間に３回も戦争が勃発しました。いずれも決定的な勝敗はなかったのですが、これらの英蘭戦争を契機に海上覇権が徐々にイギリスに移って行くことになりました。こうした両国間の戦争の歴史的背景があるせいで、ダッチ（Dutch）のつく英語表現には、オランダを貶めるものが多く見られるのです。Go Dutch のようにオランダ人に不愉快な英語の表現は、長い間忘れられている 17 世紀のイギリス・オランダ間の敵意に起源を発するのです。その主な表現をいくつか紹介します。

- Go Dutch　割り勘
- Dutch dating　割り勘のデート
- Dutch wife　竹夫人、ダッチワイフ
- Dutch courage　空元気
- Dutch cure　自殺
- Dutch roll　航空機の異常な揺れ

またイギリスの経済学者アンガス・マディソン（Angus Maddison）は、一九九一年に次のように述べています。

> 過去四世紀半に、主導国（先端技術の導入に最も秀でており、最高の労働生産性を誇る国）は三つしか存在しなかった。オランダはナポレオン戦争までトップを維持し、その後イギリスがその地位を占めた。イギリスの後はアメリカが継いだ[2]。

フランスの現代の経済学者ジャック・アタリ（Jacques Attali）は、一七〜一八世紀のアムステルダムの繁栄

について、近著で概ね次のように述べています。

アムステルダムは、ロンドンに先立ち一六二二年から一七八八年までの二世紀にわたり資本主義の世界的な中核都市であった(3)。

オランダは、以上見てきたように一六世紀以降の長い歴史を通じて海洋国家として漁業、貿易、植民地経営などを通じて他国が羨む繁栄を続け、具体的な数字こそ正確には分からないものの、国内に莫大な富を蓄えてきました。経済学用語でいえば、巨大なストックを築いてきました。「ため息が出るほど豊か」な現在のオランダは、大きな「ストックとフロー」の上に成り立っていますが、その「ストック」は以上のような経緯を経て蓄積されてきたのです。現在の稼ぐ力、「フロー」の大きさについては次の章で見ていきましょう。

第3章　金儲けは今でも十八番

ここからは、オランダの稼ぐ力、現在のオランダの経済力（経済用語でいうフロー）を見ていくことにします。オランダは小国にもかかわらず、一般の日本人の思い込みをはるかに超える、強い経済競争力を持っています。そのいくつかを具体的に紹介しましょう。

1　青信号のオランダ経済

二〇〇八年の金融危機とそれに続く欧州債務危機は、貿易依存度が高く、経済の国際化が著しいオランダ経済に長期にわたる深刻な影響をもたらしました。しかしオランダは他のユーロ諸国よりもい

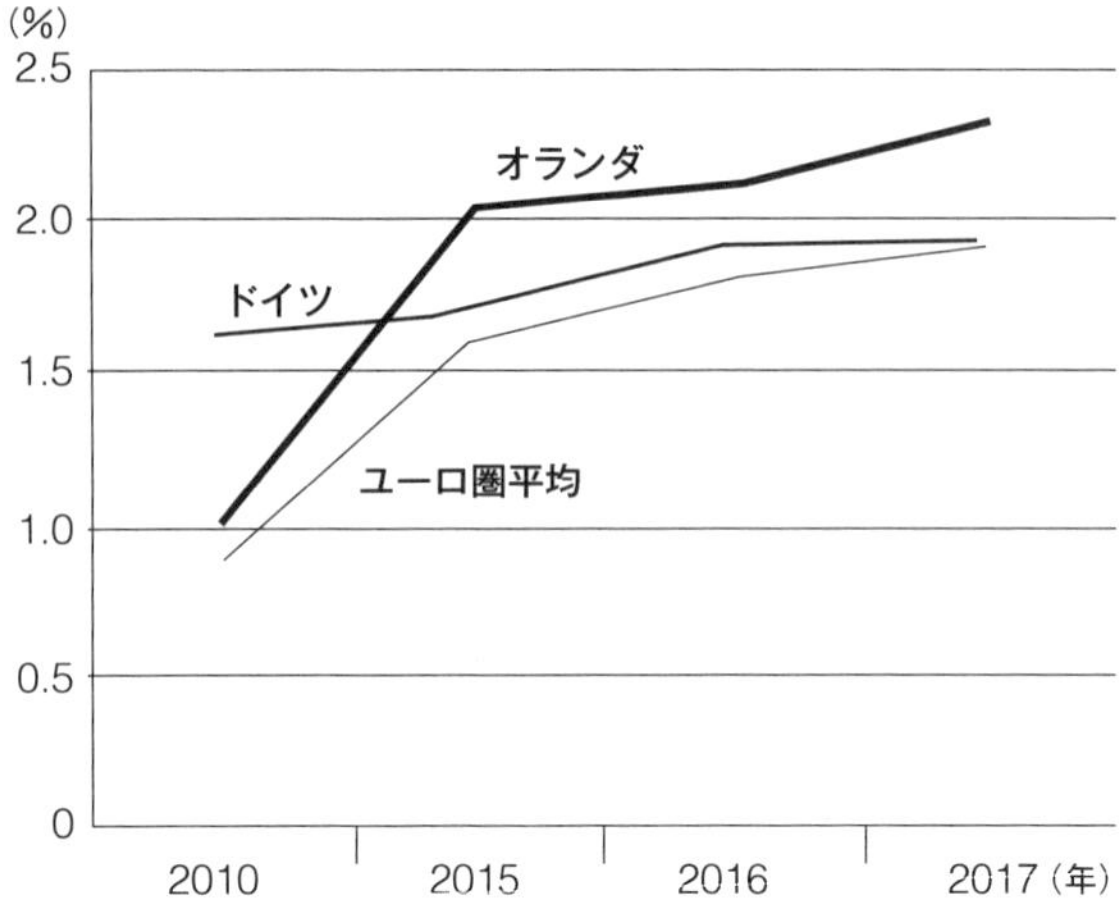

図表 3-1　オランダ経済の力強い回復(1)

ち早く立ち直りつつあります。欧州委員会の二〇一五年秋の経済予測では、オランダの向こう三年の経済成長率はユーロ圏平均を上回ることはもちろん、ユーロ経済の牽引車であるドイツをしのぐとしています（**図表３－１**）。

2　強いオランダ経済の特徴

したたかな強さを持つオランダ経済はどのような特徴を持っているのでしょうか。そのアウトラインを見てみましょう。

オランダは、金融センターや物流基地などを持つ欧州のゲートウエイ国家（玄関口）であり、世界各国からオランダの港に商品が集結して経済は活況を呈しています。輸出のGDP比率は、二〇〇一～二〇一〇年の一〇年間で五六％に及びます。特に再輸出はオランダにとって重要で、輸出全体の四四％を占めます。貿易相手国はEU

諸国が中心で、輸出で約七五%、輸入で約五〇%を占めます。オランダの人口はEUの三・三%に過ぎませんが、輸出はEUの総輸出の一〇%を占めています。

最大の産業セクターは銀行、保険、輸送、商業をはじめとするサービス業で、GDPの約三分の二以上を占めます。金融サービス、企業サービス、情報通信サービスは国際競争力があり、銀行はその利益の半分以上を、保険業界は保険料の四分の一を国外から得ています。物流では、世界最大の内陸航行船を持ちEU域内水上輸送のおよそ四〇%、陸上輸送では、EU域内において二五%のシェアを持っており、EU域内物流のリーダー的地位にあります。

製造業では、金属・電機（代表的な会社はフィリップス、ストークなど）、石油・化学品産業（シェル、アクゾー・ノーベルなど）、食品産業（ユニリーバ、ハイネケンなど）が主要業種で高い国際競争力を持っています。あまり知られていませんが、ヨーロッパの玄関口としての地の利を生かして世界最大の石油化学コンビナートがロッテルダムにあり、シェル、エッソなど世界を代表する石油会社が操業しています。私たちの生活に身近な乳製品、ビール、ココアではオランダは最大の輸出国です。

農業は、付加価値の高い酪農、園芸に特化しており、農産物の輸出額はアメリカに次いで世界第二位の位置にあります。園芸産業は、最先端のバイオ、環境、省エネ、物流技術を総合した工業的様相を呈するほど進んでいます。(2)

以上のような特徴を持つオランダ経済が、世界の中でどのような位置づけにあるのか、主な指標で次に見ていくことにしましょう。

	オランダ	日本	年
① GDP	18 位	3 位	2013
②輸出額	6 位	4 位	2013
③海外直接投資残高	1 位	8 位	2012
④農業生産物輸出額	2 位	…	2014
⑤天然ガス産出量	13 位	…	2014

※順位は世界ランキングを示す

図表 3-2　オランダ経済の強さを示す経済指標(3)

3　一人当たりGDPは日本の一・二倍

①オランダは小国なのに国内総生産（GDP）は、世界一八位です（日本は三位）。国民の豊かさを示す一人当たり国内総生産（GDP）は、オランダは日本の一・二倍もあります。

②オランダの輸出額は世界六位です（日本は四位）。

③オランダの海外直接投資残高は世界一位です（日本八位）。オランダのそれは日本の四・三倍に達します。

④オランダの農産物輸出は、前述のとおり、アメリカに次いで世界第二位を誇ります。酪農、大規模園芸が盛んなためで、詳しくは第6章の4で紹介します。

⑤意外なことに、オランダは天然ガスの産出国で、その産出量は世界一三位で、天然ガスの純輸出国です。天然ガスの国庫収入は一二〇億ユーロ／年に達します。

オランダ経済の強さを示す意外な数字に改めて驚いたのではないでしょうか（**図表3－2**）。

	調査機関	オランダ	日本	年
国の国際競争力	世界経済フォーラム	8位	6位	2014
	IMD	15位	27位	2015
国の潜在競争力	日本経済研究センター	7位	14位	2010

図表 3-3　強いオランダの国際競争力

4　強い国際競争力

今後の見通しはどうでしょうか。ある国にこれからの経済成長を促す環境が整っているかどうかを示すのが「国の国際競争力」ですが、様々な機関が異なった方法でこれを調査しています。ダボス会議を主催する世界経済フォーラムの調査では、オランダの国際競争力は一四四ヵ国中第八位、スイスのビジネススクールＩＭＤの調査では、六一ヵ国中一五位、日本経済研究センターの潜在競争力の調査では五〇ヵ国中七位と、いずれの調査機関の調査でも上位にランキングされ、その国際競争力は高く評価されています（図表3－3）。

以上のように、オランダは小国にもかかわらず、強い経済力、言い換えればしっかり稼ぐ力を持っています。「ため息が出るほど豊かな国」オランダは、長い繁栄の歴史で蓄積してきた富に加え、その強い経済で今でもしっかりと稼いでいることがお分かりいただけたでしょうか。しかも、国際競争力の強さが示すように今後も稼ぎ続ける可能性の高い国なのです。

それでは次に、「オランダ経済がなぜそんなに強いのか」、その強い経済の秘密を見ていくことにしましょう。

第4章　「わたし達はコスモポリタン」
―経済を支える国民性―

オランダ経済の強さを支えている主な要素は四つあります。その四つとは次の通りです。

①コスモポリタン（国の立場にとらわれない世界市民）的国民性
②企業活動を強力に支える政府の存在
③企業の先進的な経営力
④卓越した経済的インフラ（基盤、Infrastructure の略）

この四つをそれぞれ第4章～第7章で、順番に見ていくことにします。この章では先ず、オランダ人が国境にとらわれず、世界を舞台に活躍するコスモポリタン的国民であることを紹介しましょう。

オランダ人は自らをコスモポリタンだと思っており、そう言われるのが好きな国民です。確かにオランダ人はコスモポリタン的要素を多分に持っており、この国民性はオランダの経済的強さと密接な関係があります。コスモポリタン的国民性の主な要素としては、「外国語に堪能」、「海外指向」、「異文化に寛容」、「国際秩序重視」、「貧困国への支援」などがあげられます。このような性質を全て持つオランダ人は、コスモポリタンと呼ぶに相応しい国民といえるでしょう。それでは、それぞれについて、具体的に見てみましょう。

1　オランダ人は語学の天才

オランダ人のコスモポリタン的要素として第一にあげたいのは、多くの国民が語学に堪能なこと、その多言語能力（Polyglot　ポリグラットという）です。

国民の八〇％が英語に堪能

平均的オランダ人は、二つあるいはそれ以上の外国語を流暢に話すことができます。国民の八〇％が英語に堪能で流暢に話せます。加えて五〇％の国民はドイツ語に、二五％の国民はフランス語に堪能です。私の秘書は、ライデン大学の中国語科と、日本語科を出た女性でしたが、日本語、中国語の読み書き会話ができる上、英語、ドイツ語にも堪能でした。このようなオランダ人は珍しくないのです。

熱心な外国語教育

オランダの学校は、他のどんなヨーロッパ諸国よりも外国語の教育時間が多く、オランダのテレビ局の外国番組は、字幕つきで原語で放映されています。オランダ人は、外国語を話し、理解することは人生の最も価値ある努力の一つだと考えています。なぜなら彼らは世界を、自分たちを豊かにする巨大な潜在的市場として、また同時に休暇という人生の最大の楽しみの目的地だと見ているからです。世界が生み出す果実を十分に取って、経済的に豊かになり人生を楽しむために、オランダ人は熱心に外国語を学ぶのです。

オランダでの仕事は英語でOK

オランダ人の大部分が英語に堪能なので、日本人がオランダに赴任してもビジネスは英語だけで行うことができます。合理的な考えを好むオランダ人は外国人に対して、難しいオランダ語と格闘して貴重な時間を無駄にするより、英語を使うことを勧めます。この点は、自国語の使用にこだわるフランスなど他の先進諸国とは大分違います。自国語の使用にこだわらないオランダ人の大きな度量に、外国人の駐在員は大変助けられており、オランダが進出企業に評判の良い理由の一つにもなっています。ビジネスも日常生活も英語でできることは、外国企業がオランダを投資先として選ぶときの大きな魅力の一つになっています。

2　国民こぞって海外指向

オランダは海洋国家（Seafaring nation）として繁栄してきた国です。金儲けに敏感なオランダ人は、歴史を通じて、ビジネスのために世界市場に鋭く焦点を当ててきましたし、今でもそれは変わることがありません。この強い海外指向も、オランダ人のコスモポリタン的国民性を特徴づけるものです。

「世界はわれわれのもの」意識

オランダ人は、世界が信じられないほどの金儲けの機会に満ち溢れていることをよく知っています。そんなオランダ人の間では、「World is our oyster.（世界はわれわれのものだ）」という金言が好まれています。この場合の oyster は、牡蠣という意味ではなく、「得になるもの」という意味です。彼らは、世界を自分の庭のように身近なものとして見ており、彼らの目は常に世界を向いています。子供のころから世界の地理は、あらゆる学校で教えられ、海外ニュースはオランダ・メディアで掘り下げて報じられています。

オランダ人は、こと金儲けに関しては大変熱心です。その取引の上手さには国際的に定評があります。彼らは「生まれながらの商売人（Born to traders)」という表現にピッタリな国民です。取引でより よい結果を得ることは、彼らの楽しみ、しかも極めて真面目な楽しみなのだそうです。金銭指向の極めて強いオランダ人には、世界は余りに良い香りがするので、国に閉じこもるような態度は論外なのです。

彼らは一方的に海外に進出するだけではありません。世界を受け入れることにも大変熱心で、多数の外国企業を誘致し、巨額の外資を受け入れ、積極的にビジネスチャンスを提供し、その経済は大変開放的です。

生来の進取の気性

オランダ人にはもともと進取の気性があります。二〇一二年に一六歳のオランダ人少女が世界最年少で単独ヨット世界一周を成し遂げ世界を驚かせましたが、これもオランダ人の進取の気性の一つの表れといってよいでしょう。オランダが海洋国家として成功してきたのは、国民にこのような進取の気性があったからだと言われています。

オランダには「闘うことによって現れる」という進取の気性を鼓舞する格言があり、未知の困難に立ち向かって道を切り開くことを称賛する文化があります。この格言は、おそらく水との困難な戦いで国土を作ってきた歴史から生まれたものと推測されますが、海外進出にあたっても、この格言に込められたオランダ・スピリットが発揮され、その不屈の闘争心と進取の気性で困難に挑戦したのです。遠洋航海が非常にリスクの高かった時代に、世界中に船団を送り出し、大英帝国に先駆けて世界の貿易ネットワークを制覇したという偉業は、この進取の気性なくしてありませんでした。進取の気性は、今でもオランダ人を海外に向かわせる推進力になっています。

3　異文化に寛容なオランダ

世界とビジネスをするということは、言い方を変えれば、異文化と付き合うということに他ならないのですが、オランダ人は異文化との付き合い方が上手です。世界に受け入れてもらうためには、自らが異文化を受け入れるとともに、異文化にも受け入れてもらわなければなりません。オランダ人はこの点では、非常に秀でています。彼らはもともと寛容という価値観をとても大事にしてきた国民です。好んで「オランダ的寛容（Dutch Tolerance）」という表現を使い、また寛容な国民と言われるのを好みます。この「オランダ的寛容」は、異文化の多様な価値観を持つ人々と付き合う上で大きな助けになってきました。異文化に抵抗がなく、世界の誰とでも開放的に付き合えるオランダ人は、コスモポリタンの名に恥じない国民と言えるでしょう。

徹底した異文化教育

異文化に寛容で世界と調和できる国民性を育てるため、オランダの学校では、異文化理解の重要性を徹底して教育しています。そうした教育の成果もあって、ＥＵ六ヵ国を調査した結果では、マイノリティ（移民）への否定的態度が最も低いのがオランダでした。私もオランダに実際に住んでみて、人種差別や人種偏見を感じるようなことには出会いませんでした。イギリスやフランス、ドイツなどに駐在した経験のある日本人駐在員の多くは、オランダの方が住みやすいと言います。ここではアジア人に対する人種差別を感じることがないからです。私が駐在していた時期のアムステルダム市長はユダヤ人で、ロッテルダム市長はモロッコ人でしたが、そのことを知った時にも、オランダには人種的偏見がない一つの証拠を見た思いがしました。移民、難民の受け入れに寛容だったため、今では大都市のアムステルダムやロッテルダムの人口の半数以上は移民やその子孫が占めるようになっています。

オランダ人は、結婚する相手の国籍や宗教が違ってもあまり気にしません。アムステルダムの私のオフィスには、オランダ人男性の会計担当者がいましたが、本人はキリスト教徒なのに奥さんはエジプト人でイスラム教徒でした。私の家に呼んだり彼らの家に呼ばれたり親しくしましたが、二人とも違いは違いとして認め、尊重しながら、大変うまくやっているようでした。外国人と結婚しているオランダ人は身近にもたくさん見かけました。日本とは比較にならないほど、人種や国籍にこだわりがない国だと肌で感じたものです。

異文化は繁栄の源

オランダ的寛容の背景には、異文化との出会いがオランダの発展を促した歴史的事実があることを見逃すわけにはいきません。一六世紀から一七世紀にかけて、スペインやポルトガルで差別、迫害され追放されたユダヤ人、フランスから宗教弾圧で追放された新教徒（ユグノーと呼ばれる）、スペイン圧政下にあったベルギーのアントワープからの商工業者などの亡命者をオランダは進んで受け入れました。他国から逃げ込んで来たこうした人々が、その後のオランダ経済を大いに活性化することになりました。

亡命ユダヤ人達は、世界に広がる貿易のネットワークや金融技術を、フランスの新教徒は織物技術などを、アントワープの商工業者は資本やダイヤモンドなどの新しい産業をオランダにもたらしました。これら新技術、商業ノウハウ、資本は、オランダ経済を発展させる大きな推進力になり、イギリスやフランスなど近隣諸国の羨望の的になった繁栄の世紀、「黄金の一七世紀」の実現に大きな貢献をしました。

異文化の出会いが新たなエネルギーを生み、革新を生み出すことが、歴史的体験を通じて彼らの肌身に浸透し定着しており、それが異文化に寛容な国民性（Dutch Tolerance）につながっているのです。

思想、信条の自由の発信地

一六世紀から一七世紀にかけて、カソリックを強制するスペインと信仰の自由を求めて反抗するオランダが八〇年間戦い（一五六八～一六四八年）、その結果オランダがスペインから独立を勝ち取ったという歴史も「オランダ的寛容」を理解するうえで無視できません。

カソリックの宗主国スペインは、自国領だったオランダのプロテスタント（主にカルビン主義）を激しく弾圧して改宗を強いました。これに対してオランダ人は宗教の自由を守るために反乱を起こし、スペインと八〇年もの間、戦争を続けたのです。オランダ側の戦いの目的が宗教の自由を守ることにあったので、スペインからの独立宣言には思想、信条の自由をしっかり明記しました。このような国

コラム　オランダの国旗と国歌

オランダの赤、白、青の３色の国旗は、スペインからの独立戦争の時から使われ始めたもので、フランス革命から使われ出したフランスの３色旗より古い歴史を持っています。オランダ国旗の赤は国民の勇気を、白は神への信仰心を、青は祖国への忠誠心を表しています。

またオランダの国歌は反乱を指揮したウィレム（後に事実上の初代君主ウィレム１世になる）が作ったもので、スペインの統治を是認するような「われらはスペイン国王への忠誠を誓います」という今みれば何とも奇妙な歌詞が含まれているのですが、現在もそのままの歌詞で歌われています。これも違いを気にしない、寛容なオランダ人の国民性の表れなのかもしれません。

家の起源をもつ国なので、オランダでは、なに人であれ他人の思想、信条は尊重するという価値観、違いを受け入れる文化が大切にされているのです。

アメリカ独立宣言の内容は、オランダのこのスペインからの独立宣言から大きな影響を受けていると言われています。

実利に結びつく寛容

寛容さの背景に、実利性も垣間見えます。オランダ人にとって大事なのはビジネス、金儲けでした。一七世紀のスウェーデン王カール一〇世はオランダ人を「金が君らの宗教だ」と軽蔑したそうですが、それほど商売第一で、取引相手の宗教やイデオロギーは気にしませんでした。オランダ人は、価値観が違っても商売をする人々を差別することはしませんでした。世界中に経済的拠点を築き、これを維持するために、宗教やイデオロギーの違いは、オランダ商人にとって受け入れなければならないものだったのです。繁栄のためには寛容の価値観が有用だったのです。これは現在でもそのまま当てはまります。

世界の好感を誘う謙虚さ

私の体験では、オランダ人は自慢することをあまりしない国民です。誰もが羨む富裕国にもかかわらず、彼らは開口一番「オランダは小さい国だから」と謙虚に言います。経済力があり、豊かで、自慢しようと思えば自慢の種は山ほどあるのに、それを鼻にかけるオランダ人はほとんどいませんでした。この謙虚な態度が、寛大な国民性と相まって、異文化の世界と馴染めて、異文化の世界からも受け入れられる要素の一つのように思われました。

これと対照的に、日本は、私が駐在していた二〇〇〇年代中頃は何かにつけて「世界第二の経済大国」が枕言葉でした。この発想が道を誤らせているように思えてなりませんでした。

4　国際秩序に率先して貢献

国際秩序に関して、オランダは特別な関心を持っています。国際秩序なくして、世界を相手に安心してビジネスができないからです。国際秩序なくしてオランダの繁栄はありません。アレキサンダー国王は、毎年行う施政方針演説の中で、必ずと言ってよいほど国際秩序への積極的な貢献を表明しています。国際秩序の安定と維持はオランダの国是とされるほど、この国にとっては重要なのです。これも彼らがコスモポリタンと言われる理由の一つです。

国際法はオランダで誕生

国際秩序に欠かせない国際法とオランダは切っても切れないつながりがあります。国際法の父と呼ばれるグロティウス（Hugo Grotius, 一五八三～一六四五）は、一七世紀に活躍したオランダの法学者です。彼は、当時のオランダの立場を踏まえて、航海貿易の自由を擁護するため、『自由海論』、『戦争と平和の法』などを著し、後世に大きな影響を与えました。「国際法とは自らの意思を強制する権力を持つ者が主張するもの」との見方がありますので、当時のオランダが、世界貿易の覇権を握る強国になったので国際法を主張し出したとの見方もできるでしょう。

現在オランダの政治の中心地であるハーグは、「国際法の首都」と呼ばれています。国際秩序に深い関心を寄せるオランダは、国際司法裁判所、国際刑事裁判所、国際仲裁裁判所などを含め、一二におよぶ国際司法関係の機関をハーグに招致しています。ハーグが国際法の首都と呼ばれるゆえんで、国際秩序を重視する姿勢がここにも具体的に表れています。

皇太子妃雅子様の父親、小和田恆氏は二〇一一年まで、このハーグにある国際司法裁判所の所長を務められました。

国際機関への貢献

現代においては、国際秩序の安定と維持のために国連などの国際機関の役割がとりわけ重要です。第二次世界大戦後に現在の国際秩序に大きな影響を持つ国連、IMF、世界銀行、欧州連合（EU）、北大西洋条約機構（NATO）などが発足しましたが、オランダはこれらの主要な国際機関のいずれにも創立メンバーとして貢献しています。

国際司法裁判所のある平和宮　wikipedia, Public domain

小国オランダは、単独では国際社会に影響力を及ぼすことは難しいので、国際機関を通じて影響力を発揮していくという取り組みが欠かせません。オランダには幸い国際的に活躍できる人材が少なくありませんので、国際機関はオランダ人が活躍する格好の場になっています。

国際秩序のためなら軍隊派遣もいとわず

オランダは小国ですが、国際秩序維持のために必要とあればNATOの一員として潔く軍隊を海外に派遣します。風車とチューリップのイメージからは想像しにくいのですが、潜水艦などを含め近代的装備の軍隊を持っています。近年では、バルカン半島のコソボ、イラク、アフガニスタンに軍隊を派遣しました。イラクでは、現地に派遣された日本の自衛隊が、オランダ軍に守ってもらいました。イラクのサマワで復興支援に携わった自衛隊は武器の使用が厳しく制約され、テロによる攻撃があった場合、十分な反撃力がなく危険だったため、オランダに依頼して万一の場合にはオランダ軍に守ってもらうことにしたのです。自衛隊がイラクで無事任務が全うできた背景には、こうしたオランダの友好的な支援があったのです。オランダで迷彩色の軍人を電車内でときどき見かけたり、軍の街頭キャンペーンに何度か遭遇したりした経験から、オランダでは軍隊は意外に国民に身近な存在のようです。

5　貧困国に血の通った支援

世界の安定のためには貧困国の存在に目をつむるわけにはいきません。オランダが世界の貧困撲滅に強い政治的意思を持って取り組んでいるのを、駐在してから初めて知り、この国の懐の深さに改めて感心させられました。金儲けには厳しい一方で、世界の貧困国支援に積極的に取組むのも、彼らのコスモポリタン的国民性の表れといえるでしょう。

模範的な貧困国に対する援助国

オランダは、貧困国への援助を政府の方針として外交の柱の一つに掲げています。毎年アフリカを

順位	2009	2010	2011	2012	2013(年)
1位	スウェーデン	スウェーデン	スウェーデン	デンマーク	デンマーク
2位	デンマーク	デンマーク	ノルウェイ	ノルウェイ	スウェーデン
3位	**オランダ**	**オランダ**	デンマーク	スウェーデン	ノルウェイ
4位	ノルウェイ	ノルウェイ	**オランダ**	ルクセンブルク	ルクセンブルク
5位	ニュージーランド	ニュージーランド	アメリカ	オーストリア	**オランダ**

図表4-1　貧困国への開発貢献度指数、上位5ヵ国の推移（調査対象22ヵ国）[(1)]

中心とした途上国に対して、環境、通商、人権、平和、行政など多岐にわたる分野で援助活動を行っており、模範的な開発援助国です。

ＯＥＣＤ加盟国の貧困国への貢献度を評価するランキングで、オランダは二〇〇八年の金融危機までは毎年トップクラスの高い評価を得ていました。近年は緊縮財政の影響で順位を少し下げているものの、オランダの貧困国への援助は、国際的に非常に高く評価されています（**図表4―1**）。

被災国に巨額の義捐金

国が貧困国を積極的に支援するように、オランダ人は個人的にも、災害などで困っている人には温かい援助の手を差し伸べます。近年、大災害にあった被災国のために、多くのオランダ国民から寄せられた、信じられないばかりの巨額の義捐金は、そのことを何より雄弁に物語っています。

二〇〇四年にスマトラ沖合地震大津波で東南アジア各国に大被害が発生した際に、オランダのテレビが国民に義捐金を呼びかけるキャンペーンを展開したところ、一晩で二億ユーロ（約二〇〇億円〔為替レートは当時のもの、以下同じ〕）という信じられないほど巨額の義捐金が集まりまし

オランダのキリスト教徒に大きな影響を与えたカルビン wikipedia, public domain

た。二〇一〇年のハイチ地震の際にも一晩で一億ユーロ（約一三〇億円）という巨額な義捐金が集まりました。オランダ国民の被災者に対する熱い思いに、感動を禁じえません。

二〇一一年の東日本大地震津波の際も、同様な義捐金を集めるキャンペーンが行われました。日本の場合は、金持ちの先進国ということで、前の二回ほどの盛り上がりはありませんでしたが、それでも一晩で七〇〇万ユーロ（七億円）の義捐金が集まりました。

背景にカルビニズムの教え

オランダ人にとって、むだ使いは罪です。普段は財布の紐を緩めず、むだ使いをしません。このため「オランダ人はケチだ」と揶揄されがちなのですが、本当に困っている人がいたら、その固い財布の紐を緩め、気前よく寄付するのがオランダ人の本当の姿です。

知り合いのオランダ人がこうした態度について「オランダ人の心の中にはカルビニズム（Calvinism）の勤倹節約、博愛の伝統が未だに強く根付いているからだ」と解説してくれました。カルビニズムは

「彼らに汝がして欲しいと思うことを、彼らに汝がなせ」と教えます。他人のことを考える必要性を強調するカルビニズムの教えが今でもオランダで生きているのです。

本当に援助が必要な国や個人に対しては惜しみなく温かい手を差し出すのがオランダ人です。オランダが世界から一目おかれる理由はこのような態度にもあります。

以上見てきたように、「外国語に堪能」、「海外指向」、「異文化に寛容」、「国際秩序重視」、「貧困国支援に熱心」といった特徴を持つオランダ人は、まさにコスモポリタンと呼ぶのに相応しい国民です。コスモポリタンであるオランダ人は、世界を舞台に自在に活躍できます。オランダ経済が強い第一の要因は、オランダ人のこのコスモポリタン的国民性にあるのです。

第5章　経済的才覚あふれる政府

　オランダ経済の強さを支えている主な四つの要素、①コスモポリタン的国民性、②企業活動を強力に支える政府、③企業の先進的な経営力、④優れた経済的なインフラのうち、前章では「コスモポリタン的国民性」を取り上げましたので、本章ではこれに続いて、企業活動を支えるオランダ政府の取り組みを紹介します。

「企業の活性化なくして、強い経済なし」という考えはオランダ国民に浸透しており、国民的コンセンサスになっています。オランダ政府は、富を生む源泉である企業活動を積極的に盛りたてる政策を推進しており、その政策は明快でわかりやすく、しかも効果をあげています。私の実際の体験を踏まえて、そのオランダ政府の企業を後押しする取り組みを見ていきましょう。

	2001年	2002年	2003年
オランダ	1.9%	0.1%	0.3%
ユーロ圏	2.0%	0.9%	0.7%

図表5-1　GDP成長率がユーロ圏を下回っていたオランダ(1)

1　法人税を大幅に減税

ユーロ圏の中で最も低迷していた経済

私が赴任した二〇〇三年のオランダは、ポルダーモデルともてはやされた一九九〇年代の好調な姿は見る影も無く、経済は、あまりに手厚すぎる労働者の保護政策や硬直的な労働慣行、魅力を失った税制などのため、二〇年振りの低成長に陥り、ユーロ圏の中で最も低迷を続けていました（図表5−1）。なお、ポルダー（polder）とは干拓地を意味します。

この状態を憂慮した在蘭日本商工会議所（Japanese Chamber of Commerce in the Netherlands. 以下、ＪＣＣと表す）は、オランダ政府に対して、成長を妨げる税制や過剰な労働者保護制度などの改革を強く訴え続けました。オランダ政府に対して、ＪＣＣは粘り強く「このまま改革がなければ、外国企業はオランダに進出しなくなる。外国からの投資も来なくなる。すでに進出している外国企業だけでなく、自国のオランダ企業もオランダから他の国へ逃げ出すようになる。」と書面や面談を通じ何度も働きかけました。

外資の声に耳を傾ける政府

私は当時、ＪＣＣの投資部会の部会長やＪＣＣの会頭の役にありましたので、この陳情活動には当事者として深くかかわりました。当時のブリンクフォルスト（Brinkhorst, L.J.）経済大臣やワイン（Wijn, J.）財務副大臣に何度も陳情の手紙を出し、財務省の高官たちともたびたび面談するなどして、法人税の引下げや過保護な労働行政などの改革を訴え続けたのです。この折衝を通じオランダ政府側の、日本の官庁とはまるで違うオープンな対話の姿勢、その敷居の低さには、つくづく感心させられました。財務省も経済省もともに丁寧な前向きな対応で、経済大臣からは「政府が日本企業のために何をしたら良いのか、何でも言って欲しい」という返事をもらいました。いかにオランダ政府が、自国経済のために外資を大事にしているかをこのプロセスを通じて実感として十分感じ取ることができました。なおオランダは小国なので日系企業が組織するＪＣＣの規模も小さいと思うかもしれませんが、会員企業数は約三五〇社で、ヨーロッパではドイツに次いで二番目の会員数を持ちます。オランダは、日系企業が一般に思われている以上にたくさん進出している、日系企業の大集積地なのです。

実現した大幅な減税

ＪＣＣの要望を反映し、法人税は二〇〇五年から二〇〇七年にかけ、三四・五％↓三一・二％↓二九・六％↓二五・五％と三年間で合計九％引き下げられました。ちなみに日本の実行法人税率は、この間ずっと四〇・七％で変わらず、二〇〇七年にはオランダとの差は一五％にもなりました（**図表5―2**）。西欧先進諸国と比べて高すぎる日本の法人税は、日本に立地する企業の大きなハンディキャップ

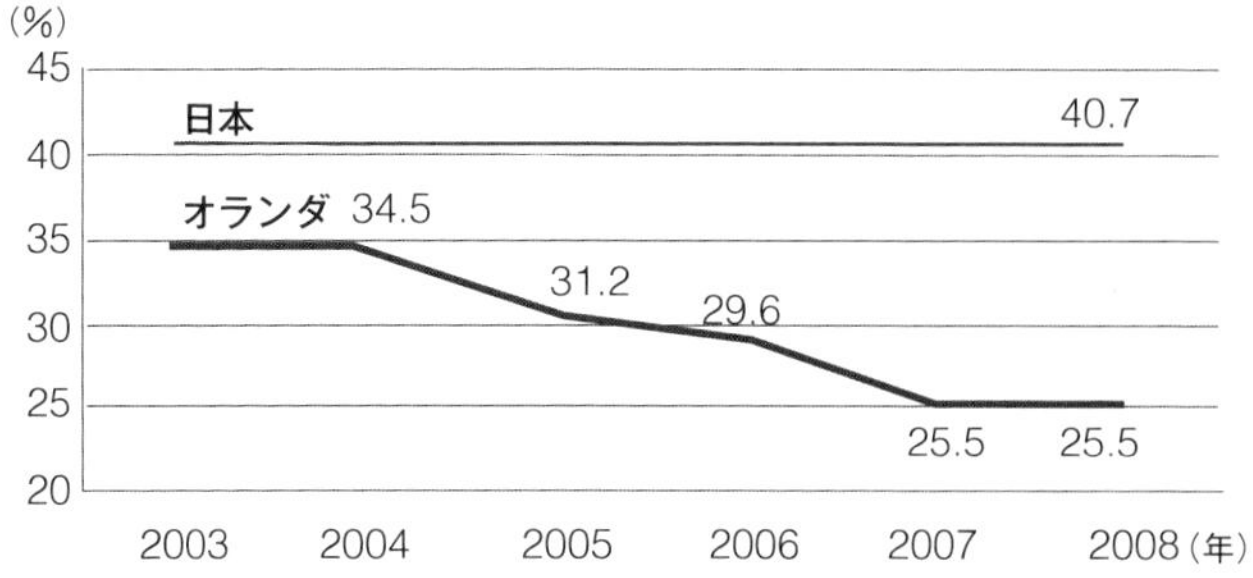

図表 5-2　オランダの法人税率の推移

単位：%

国名	法人税率	VAT
アイルランド	12.5	23
イギリス	20	20
デンマーク	22	25
オーストリア	25	20
オランダ	25	21
スペイン	25	21
イタリア	27.5	22
ドイツ	30.2	19
ベルギー	34	21
フランス	34.4	20
日本（参考）	30	8

図表 5-3　EU 主要国の実効法人税率と付加価値税率（VAT）(2)（2016 年）

です。これに気付いた日本政府は、二〇一二年より法人税率の段階的な引き下げに着手しました。二〇一六年には二〇％台までに引き下げる方針を二〇一五年に打ち出しました。

ＥＵ主要国の法人税率は**図表５－３**に示す通りです。ＥＵ主要国の法人税率は最低のアイルランドの一二・五％から最高のフランスの三四・四％までばらつきはありますが、おしなべて三〇％以下の税率です。比較のために日本の税率を最下段に示しました。二〇一二年以降、日本でも法人税率の大幅な引き下げが図られましたが、この表が示す通り、日本の法人税率はＥＵ主要国に比べ未だに高い状態にあります。欧州に限らず世界中で、企業を引き付けるために、法人税を引下げることが大きな経済政策の流れになっています。企業が立地する国を選べる時代だけに、国内企業の活性化、外資誘致のため、日本もさらなる法人税の減税が必要でしょう。日本が二〇％台半ばまで下げれば、ＥＵ主要国との比較では、ほぼ遜色のないものになることが期待されます。

日本で論議の的になっている消費税（ＥＵでは付加価値税ＶＡＴといいます）の税率も**図表５―３**の右側の列に参考に示しました。日本の八％の消費税がＥＵ主要国の二〇％前後と比べると、法人税の場合とは逆に、いかに低いかがわかります。このような情報を国民に伝え、もっと国民を啓蒙していくことが日本では大事ではないでしょうか。ぜひ注意して欲しいのは、ＥＵでは低所得者に配慮して、食料品などの日常の必需品には特別に低い税率（軽減税率という）が適用されることです。軽減税率の対象は、食料、医薬品、石油、ガス、書籍、雑誌、新聞、農産物、旅客輸送、宿泊など、日常消費するものが中心です。オランダの軽減税率は六％でした。低所得者の負担を軽減する、なかなか賢明な消費税の仕組みではないでしょうか。

2　日系企業への特別な配慮

法人税が二〇〇七年に最終的に二五・五％に決まる過程で、オランダ政府側は日系企業に特別な配慮をしてくれました。それは外資を大事にするオランダ政府ならではの柔軟な対応でした。日蘭経済関係の中でも記憶されるべき事件ですので、その経緯を紹介しましょう。

日系企業には「低すぎた」法人税の改正案

オランダ政府は二〇〇六年に、翌二〇〇七年からの法人税率を二五％にすると一旦公表したのですが、二五％という税率は日系企業にとっては大いに問題でした。当時二五％以下の法人税率の国は、日本の税務当局よりタックスヘーブン（租税回避地）とみなされ、結果として少なからぬ在蘭日系企業に対してオランダの法人税率の二五％ではなく、日本の法人税率四〇・七％が適用されてしまうのです。そのような実質的に増税になる事態は、日系企業を代表するＪＣＣもオランダ政府も望むところではありません。

ＪＣＣ会頭だった私は、法人税率二五％の報道を知り、日本のタックスヘーブン適用回避のため、なんとしても二五％に若干の税率を上乗せしてもらう必要がありましたので、急遽、当時のワイン財務副大臣とその件で面談をしました。その際、ワイン副大臣から開口一番「二五％と発表したのは、日本の税制理解が不十分だったわれわれの間違いである。謝る。」との発言がありました。その率直かつ偉ぶらない謙虚な態度と真摯な姿勢は今でも忘れられません。法人税率の改正案はＪＣＣの要望を入れ再検討してもらうことになったのですが、ワイン副大臣は面談の最後に「今後、法人税率を変えるときには、予めＪＣＣの意見を聞くことにする」と約束されました。ＪＣＣにとっては大変心強い

コラム　影響力あるアメリカ商工会議所

一連のオランダの法人税の引下げは、もちろん在蘭日本商工会議所の力だけで実現したものではありません。在蘭の外国商工会議所の中で最も規模が大きく、影響力がある在蘭アメリカ商工会議所（American Chamber of Commerce in the Netherlands. 略称 Amcham アムチャム）など他の経済団体もそれなりの大きな役割を果たしたと思われますが、その詳細な活動まではわかりません。Amcham が、毎年作成するオランダ政府への政策提言書「Investors' Agenda of Priority Points」で毎年、減税を求めていたことは大きな影響力があったと思われます。

発言で、日系企業の立場を特別に配慮するとのその姿勢にＪＣＣの会頭として頭の下がる思いでした。

日系企業のためにわざわざ税率修正

オランダ政府が一旦は公表した税率を、日系企業だけのために引き上げることは容易ではなかったはずです。アメリカなどの他の影響力ある外資系企業やオランダ企業が、既に発表された二五％の税率が実現するものと期待していただけに、その税率を上げることはワイン副大臣にとっては関係先との調整に大変なエネルギーを要する難題だったに違いありません。しかし政府側は難題だったにもかかわらずＪＣＣの意向を受け入れ、最終的には二〇〇七年からの法人税率を当初の政府案に〇・五％上乗せして二五・五％にしたのです。日系企業にとってはベストの決着でした。

結果は双方にウィン／ウィン

一連の法人税の減税によりオランダの投資先として

の魅力が一層高まり、進出する日系企業の数はその後増え、それに伴いオランダでは雇用と税収が増えるという好循環をもたらしました。二五・五％の決着は、日蘭双方に利益をもたらすウィン／ウィン（Win/Win、両方が得になるように解決すること）の結果をもたらしたのです。

その後、当時の財務大臣だったザルム（Gerrit Zalm）氏と食事をする機会がありましたが、「税金を下げろといつも要求されるが、税金を上げてくれと要求されたのは初めてだ」とジョークを言われました。ＪＣＣの「増税要求」はオランダ財務省の歴史に残る出来事になったようです。

なお、日本のタックスヘーブン適用税率が、二〇一〇年より二〇％以下に改正されましたので、二〇一〇年以降はオランダの法人税率も二五・五％から二五％の当初案まで引き下げられています。

3　改革の旗手「ハリーポッター首相」

これまで紹介したような法人税の減税や過保護な労働政策や過剰な福祉の是正に取り組み、オランダ経済の立て直しを推進したのが、「ハリーポッター」とあだ名をつけられたバルケネンデ（Jan Peter Balkenende, 一九五六〜）首相です。彼は二〇〇二年に四六歳の若さで首相に就任し、二〇一〇年まで八年間首相を務めました。彼が首相に就任した年は、先に見たようにオランダ経済がユーロ圏の中で最も停滞していた時期でした。彼はオランダ経済を立て直すために国民から不人気な改革を推し進め、遂に成果を上げて、最後には大いに評価されることになります。

国民に痛みを伴う改革を推進

バルケネンデ政権の課題は、オランダ立て直しのための改革を推進することでした。グローバリゼーションや高齢化などの社会経済変化に対応する改革が必要だったのです。そのためには、財政再建、緊縮財政、賃金凍結、硬直的労働市場改革、寛大過ぎる社会保障の改革など、国民に痛みを伴う改革が避けられませんでした。

国民の反応は「史上最低の支持率」

バルケネンデの痛みを伴う政策は、国民から猛烈な不評を買いました。オランダ人も「苦い薬」は飲みたくなかったのです。それでも彼は、手を緩めず改革を推し進めたので、国民からは「国民の声を無視している」とますます反発と非難の声が高まりました。世論調査では、史上最低の支持率を記録しました。若いバルケネンデ首相は、当時ブームだったハリーポッターに似ていたので、ハリーポッター（のような子供）と国民からからかわれまし

ハリーポッターと揶揄されたバルケネンデ首相（左）と元駐蘭小池大使（慶應義塾大学にて）

た。

二〇〇五年には、彼の政策に対する反発から予想もしなかった事態が、オランダで起きてしまいます。EUの将来にとって非常に重要な「EU憲法」が、オランダの国民投票で否決されたのです。EUはオランダ経済の生命線なので、オランダが国民投票で否決することは全くの想定外の事態でした。彼の政策に対する反発がこの結果を招いたと分析されており、それほど彼に対する国民の評価は冷たかったのです。

	2004 年	2005 年	2006 年
オランダ	2.2%	2.0%	3.4%
ユーロ圏	2.1%	1.7%	3.3%

図表 5-4　オランダの GDP 成長率がユーロ圏を上回りだす(3)

悪評を乗り越えて改革が成功

バルケネンデ首相の改革は、二〇〇四年以降、徐々に成果を見せ始めます。二〇〇四年からGDP成長率がユーロ圏平均を上回りだします（**図表5-4**）。消費者の消費意欲を示す消費者信頼感指数も大幅に改善します。失業率は下がり、インフレ率も低く抑えられました。バルケネンデ首相の忍耐強い政策のおかげで、オランダは再びユーロ圏の優等生に復帰できたのです。

取り戻せた国民の強い信頼

一度は、史上最低の支持率を記録したバルケネンデ首相ですが、二〇〇六年の総選挙では、彼の与党が勝利を収め第一党になりました。バルケネンデ首相は国民の不評に耐え、信念を保ち、成果を上げ、国民の信頼を再び獲得することができたのです。国民はもはや彼をハリーポッターといって馬鹿にすることはしなくなりました。オランダの誇るべき立派な宰相として彼を見るようになりました。

福祉で暮らさずに、一緒に働こう！

総選挙後の新しい政権のスローガンは、「Working together, Living together（一緒に働き、一緒に暮らそう）」でした。福祉に頼っている国民が多過ぎるので、彼らにはできる範囲で労働に参加するように、移民が多く価値観が多様化している社会に対しては、寛容の精神で調和して暮らそうと呼び掛けるものです。シンプルで、わかりやすく、よくできたスローガンです。

新政権では、副大臣にイスラム教徒二名（トルコ人、モロッコ人）が任命されましたが、これはオランダがイスラム教に寛容な証しでしょう。大臣と副大臣合わせて二七名中、女性が一一名（閣僚一六名中五名、副大臣一一名中六名）を占めました。政界での女性パワーの大きさに驚かされましたが、この傾向は大きな時代の流れであり、先進諸国はいずれオランダの後を追うことになるでしょう。

4　外資を取り込み経済活性化

オランダの経済政策の中で、特に注目したいのが外資に対する徹底した優遇策です。オランダ経済に投資と雇用をもたらし、経済を活性化させる効果のある外資に対してオランダは大変好意的です。民間部門の一六%が外資企業に雇用されており、輸出入の五〇%は外資企業が取り扱っていますから、オランダにとってまぎれもなく「外資は国益」であり、それは国民全体の共通の認識、国民的コンセンサスになっています。

順位	国	投資残高（10億ドル）	指数（日本＝100）
1	**オランダ**	3,670	1,782
2	アメリカ	2,651	1,287
3	ルクセンブルク	2,440	1,184
4	中国	2,068	1,004
5	イギリス	1,271	617
⋮	⋮	⋮	⋮
27	日本	206	100

図表 5-5　対内直接投資残高の上位５ヵ国の世界ランキング（2013 年末）[(4)]

外資の受入額で世界一位

オランダに対する二〇一三年の外資の投資残高は約三兆七〇〇〇億ドルで、これは世界第一位です。日本に対する外資の投資残高は二〇〇〇億ドル（世界一四位）ですので、オランダは小国なのに日本の約一八倍の外資を受け入れていることになります。「外資は国益」をコンセンサスとして、投資先としての魅力を高め、外資を誘致する努力をしている成果の表れと言えるでしょう（**図表5－5**）。

国別では、アメリカからの投資残高が最も多く、次いでルクセンブルグ、ドイツ、イギリスと続き、日本は一〇位です。オランダのＧＤＰに対する外資の投資残高は四七六％にも達します。一方、日本のそれは、わずか三％に過ぎず、彼我の差は対照的です。

外資を優遇する税制

オランダの税務当局は、税制が外資の意思決定プロセスに重要な役割を果たすことをよく認識しており、外資が進出しやすいように、税務面で特別な配慮をしています。代表的な二つの制度を紹介しましょう。

一つ目はタックス・ルーリング制度です。税務当局は、外資の税務上の不安を払拭するため、事前に進出後の税額や税構造について協議を行い、明確に見解を示す体制を整えています。この協議で得られた確認は四年間有効です。このため外資は、進出後の税務面でのあいまいさや税務当局の恣意的な判断を懸念する必要がなく、安心して意思決定ができるのです。また外資に対応するオランダの税務当局も、オープンで、敷居が低く、外国企業に対して親身になって相談に乗ってくれます。

二つ目は、三〇％ルーリング制度です。これはオランダで働く外国人駐在員に対して、税引き前給与の三〇％を非課税にする特別優遇措置です。この制度は、駐在員の所得税を軽減する（＝外資系企業の負担が軽くなる）ことにより、外資がオランダに駐在員を派遣しやすくすることが狙いです。

競争力ある外国企業をオランダに呼び込み、経済を活性化するため、政府は税務面でも創意工夫をし、近隣諸国より魅力ある制度や体制を整えているのです。

効果を上げる外資誘致活動

外資導入を重視するオランダは、経済省に外国企業の誘致を推進するために企業誘致局（Netherlands Foreign Investment Agency. 以下NFIAと表す）を設けています。NFIAは、主要国に常駐の出先機関を置いて積極的な企業誘致活動を展開しています。日本には東京、大阪の二箇所に拠点を置いて誘致活動をしています。NFIAは、近年、海外進出を活発化している中国での活動を強化中で、中国には三箇所に拠点を置き積極的に企業の誘致活動を行い、成果を上げています。

NFIAは、オランダへの投資を検討する外国企業の相談に応じるだけでなく、進出後もオランダの法規制動向の情報を提供するなど、フォローアップも親身に行っており、進出企業にとっては大変身近で頼りになる存在になっています。

我が国においても経済活性化のため、外資導入の促進は経済政策課題の一つとして掲げられていますが、これを効果的に行うためには、親身な活動で外資の導入に成果を上げているNFIAの活動を研究して、ぜひ参考にしてほしいものです。

進出後も面倒見の良い政府

オランダの中央政府も地方政府も、日系企業に対して大変面倒見がよく、進出企業に対するホスピタリティ（もてなしの心）には本当に感心しました。私の体験のいくつかを紹介します。

アムステルダム市とロッテルダム市は、それぞれにある日本人学校に対して、一〇〇年間、実質的に無償で土地を提供しています。ロッテルダム市は、日本人学校が赤字で財政難に陥った際、JCCの要望に応え三年間で約七〇〇〇万円を同校に補助してくれました。日本人が多く住むアムステル

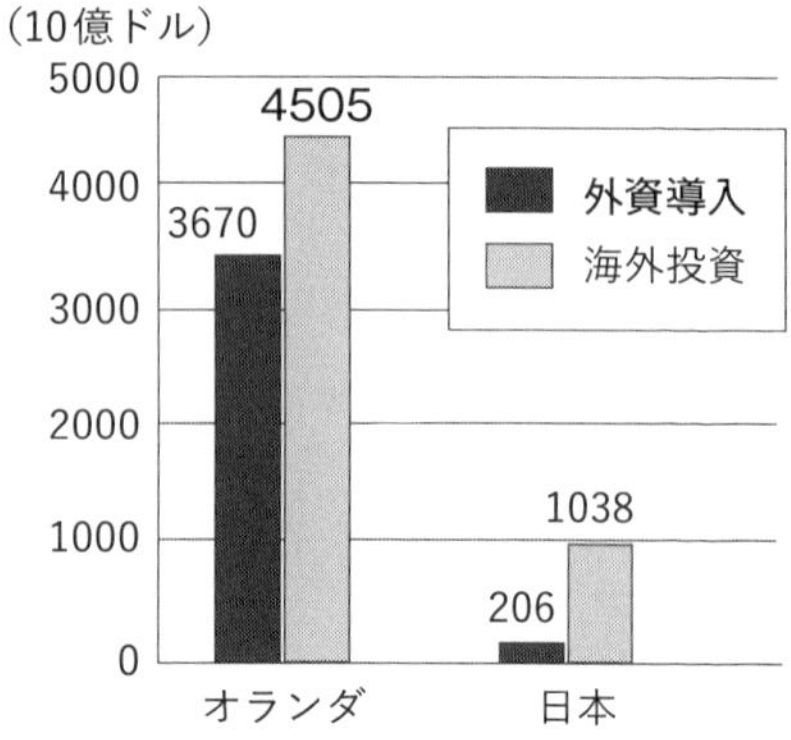

図表 5-6　日蘭の外資導入（累計）、海外投資（累計）の比較（2012 年末）[5]

フェーン市（アムステルダム市の南隣の街）は、日本人幼稚園のために教室を無償提供してくれました。

ブリンクフォルスト経済大臣に対して、なかなか許可が下りない在留許可証について善処を要望したところ、直ぐに移民大臣に話を通してくれ、日本人のためだけの専用窓口「ジャパンデスク」を設置してくれました。この結果、従来半年から一年かかっていた在留許可証が二週間で発給されるようになりました。

これらの例からも分かるように、オランダの中央政府も地方政府も日本では想像できないほど外資に対するホスピタリティを発揮してくれます。私の帰国後赴任された肥塚大使も「オランダ側は、中央政府だけではなく、地方自治体も日本の受け入れに大変熱心で感心させられることがあります。」と同じような感想を述べています。

一方で海外にも積極投資

オランダの効果的な外資誘致活動の結果、その対内直接投資残高は、前に紹介したように、世界第一位の約三兆七〇〇〇億ドルと巨額ですが、オランダの特徴は、一方でそれに見合う海外への投資をしていることです。オランダの海外直接投資の残高は、約四兆五〇〇〇億ドルでこれも世界第一位で

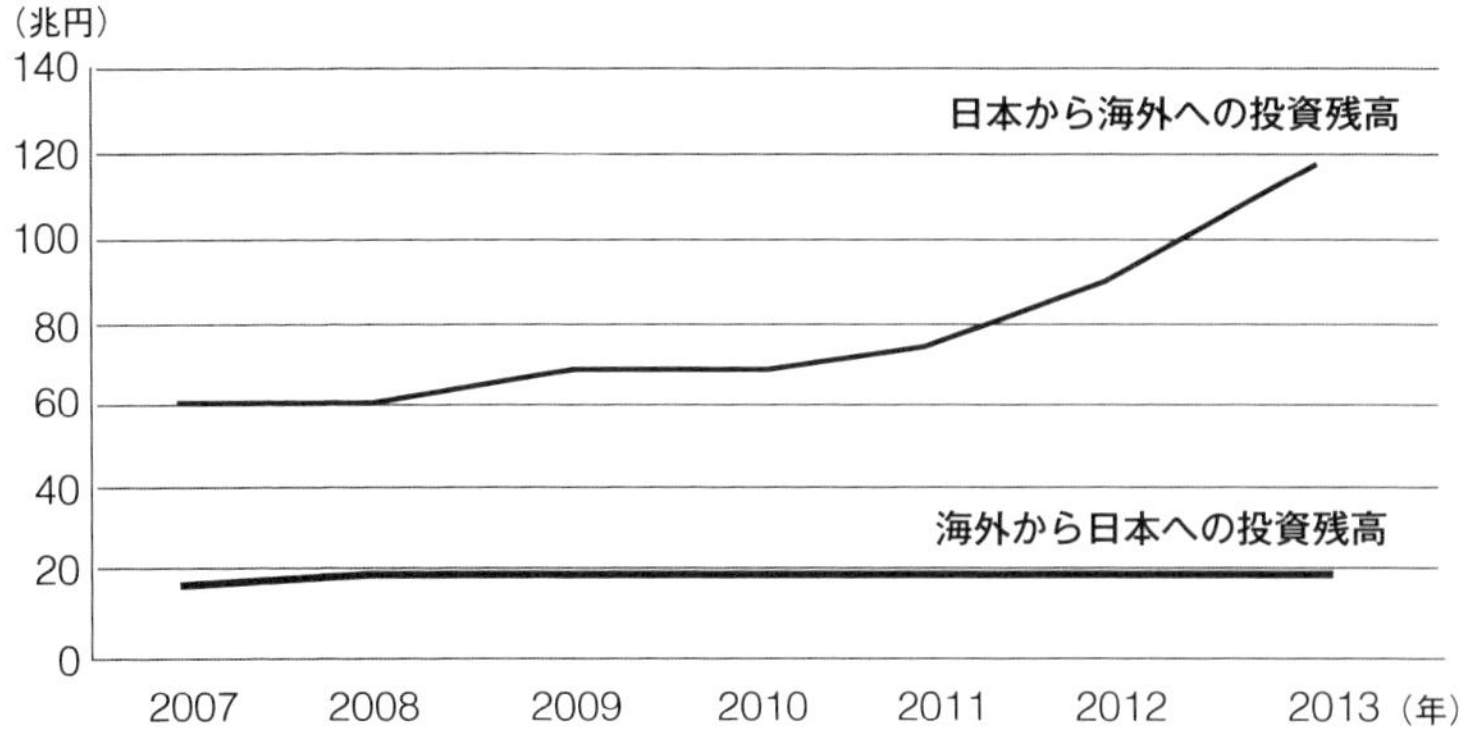

図表 5-7　日本の対外・対内「直接投資残高」推移[6]

す（図表5―6）。オランダは小国なのにこのように対内投資と対外投資の残高が巨額なのは、国内に設置された持ち株会社経由の第三国向け再投資が活発に行われていることも大きな要因と見られていますが、その再投資の規模や内容は不明です。これらが解明できるとオランダの外資誘致政策がより深く理解できるのですが、それは別の場に譲ることにします。

日本は、対外投資の残高は約一兆ドル、世界八位と高い順位にありますが、残念ながら、国に投資魅力が少ないため外資に敬遠され、前に述べたように対内投資は二〇〇〇億ドルと対外投資の五分の一程度に留まり、対外投資と対内投資の金額はかなりアンバランスな状態にあります。

外資をもっと日本に引き付けよう

図表5―7は日本の対内・対外直接投資残高のギャップの推移を示したものです。海外直接投資による収益は、日本の経常収支に大きな貢献をしていますが、海外からの対内直接投資残高が横ばいで、海外直接投資残高だけが伸び、両者のギャップが拡大し続けているのは、日本国内の雇用機会の縮小につながっ

ているのではないかと懸念されます。

外資は、雇用だけでなく、高生産性とイノベーションをもたらし、その国の経済の活性化に大きな貢献をするというのが世界のコンセンサスです。外資の日本に対する投資が少ないということは、残念ながら日本は外資にとって狭き門、魅力のない投資国なのです。

日産のゴーン社長も「いま世界で起きているのは、戦略産業の呼び込み競争だ。……政府が企業誘致の国際競争に鈍感なままだと、一国の産業基盤が傷ついてしまう。」と警鐘を鳴らしています（二〇一一年一二月二三日、日経新聞）。

日本は外資導入に関して、制度的対応が不十分なだけでなく、国民の啓蒙、世論作りの面でも不十分です。未だに攘夷論的マスコミ報道が幅をきかせていることはないでしょうか。日本人一般に、外資にはできれば来てほしくないという思いがありはしないでしょうか。

「外資は国益」を国民的コンセンサスにして、効果的な誘致策をしているオランダから日本が学ぶものは少なくありません。

5　各国商工会議所との緊密な連携

外資を大事にするオランダ政府は、ＪＣＣをはじめとする在蘭の外国商工会議所と親密な関係を保ち、外資の提言に耳を傾けながら投資環境の改善に取り組んでいます。周辺諸国をしのぐ魅力ある投資先であり続けるために、ビジネス現場の生の声に常に注意を払い、その要望を吸い上げ、政策に素早く反映しようとしているのです。このオープンで実務的な姿勢が進出企業の政府に対する信頼を厚くし、投資先としてのオランダの魅力を高めることにつながっていることは疑いありません。

政策提言する在蘭アメリカ商工会議所

JCC以上に、オランダ政府に積極的に政策提言しているのは、同国への最大の投資国アメリカの在蘭アメリカ商工会議所（略称 AmCham、アムチャム）です。AmCham は、毎年五月の定期総会でオランダ政府に対して投資環境改善のための政策提言「Investor's Agenda of Priority Points」を発表します。オランダ政府は、この提言に強い関心を持っており、この発表会にはオランダの経済大臣が必ず出席して提言に耳を傾けていました。アメリカ大使が出席することもあり、この提言に対する両国の関心の高さが窺えました。政策提言を総会で発表した後、AmCham 幹部は、オランダ政府の関係部署の幹部を訪れ、提言内容を個別に説明し、その徹底を図っているとのことでした。提言内容はビジネスの実情を踏まえた建設的なものなので、オランダの経済政策立案上、大いに役立っていたに違いありません。

Amcham の政策提言書（Investor's Agenda of Priority Points）

オランダ政府とAmChamは、「投資環境の改善＝オランダの経済競争力強化」という目標を共有しており、両者の関係に外資と進出国政府の望ましい関係のモデルを見る思いでした。両者はウィン／ウィン（Win/Win）関係なのです。

日本政府も、日本の投資環境を改善し外資をさらに呼び込むために、オランダ政府を見習って、在日の外国商工会議所からの政策提言に、是非オープンに謙虚に耳を傾けてほしいものだと思います。

見習いたいアメリカ商工会議所の活動ぶり

AmChamは、前年の政策提言がどこまでできたか毎年達成状況をきちんとレヴューし、それを踏まえて新年度の提言を作成します。この進め方は、継続性、一貫性があり、極めて合理的で感心させられました。ＪＣＣとその会員企業にとっても、毎年の政策提言「Investor's Agenda of Priority Points」は、オランダの投資環境を定期的に評価する上で大変参考になったものです。

オランダのＪＣＣは、第9章で述べるような理由で、求心力ある強力な活動を展開していましたが、それにもかかわらず、残念ながらその活動は、AmChamの体系だった活動にははるかにおよばないと認めざるを得ませんでした。AmChamの充実した体系的組織活動には見習うべきものが極めて多く、在外の日本商工会議所は、本来、AmChamのような活動を積極的に推進すべきでしょう。それが進出先国の経済競争力強化につながり、進出国とのウィン／ウィン（Win/Win）関係を築くことにもなることをAmChamの活動は示しています。

他のヨーロッパの主要な日本商工会議所とも毎年、意見交換の場があり、活動状況をお互いに情報交換しましたが、AmCham のように投資環境の改善のために政策提言を毎年定期的に行っている日本商工会議所は、残念ながらありませんでした。

6　一歩進んでいるオランダの政治

オランダの政治には、一歩進んでいるとの印象を受けましたが、特に印象に残った三点、「徹底した政党間の話し合い」、「好感の持てる政治家たち」、「政治の清潔度」について簡単に紹介しましょう。

先ず「徹底した政党間の話し合い」ですが、バルケネンデは、二〇〇六年の新政権の樹立に当たり、連立相手を換える必要がありましたが、その政策合意に実に三ヵ月をかけたのが印象に残っています。米英のような二大政党制ではなく、少数の政党が二〇以上あるオランダでは連立が政権の宿命です。それで連立相手と政策合意に至るまでいくらでも時間をかけるのが当たり前になっているのです。政策合意のために徹底的に話し合うプロセスとそれを辛抱強く見守る国民の姿勢は、この国に成熟した民主政治が根付いていることを感じさせます。

二つ目の「好感の持てる政治家たち」についてですが、オランダの政治家は、おしなべて腰が低く親しみが持てます。彼らは、概して若く、普通に振る舞い、仕事熱心で、偉ぶらず、権力を鼻にかけたりすることはありません。ルッテ首相（Mark Rutte, 在任二〇一〇年～）は、自転車通勤しており、オランダのメディアは、これを好感を持って報道しています。オランダでは、権力を見せびらかすようなことはしかめ面されるようです。

三つ目の「政治の清潔度」ですが、政治の金の流れは透明で、汚職はまれです。これは選挙が比例代表制であることとも大いに関連していると思われます。国民は、比例代表制なので政治家個人ではなく、自分の支持する政党に投票します。政治家個人は日本のように莫大な選挙資金を必要としませんし、自分の票集めのために利益誘導的政策で選挙区の関心を買う必要もないのです。比例代表制の仕組みが政治のクリーン度の大きな要因といってよいでしょう。オランダ人はお金に大変厳しい国民ですから、政府はそれに応えて、精力的に経費節約に努め、一ユーロに至るまで賢く使うことを納税者に証明しようとします。国民も自分たちの税金は決して無駄遣いされないと知っているから、信頼して高い税金を、文句を言わずに払っているのです。

世界銀行による「政治の民主化度」、「政治の腐敗のなさ」、「政府機能の有効性」などに関する調査によれば、オランダはいずれも世界のトップクラスに評価されています。オランダは、経済だけでなく政治についても大人の国と言えそうです。

以上のように、オランダ政府は富を生む源泉である企業活動の支援のために、常に民間の声に耳を傾け、分かりやすく効果的な経済政策を、強いリーダーシップを発揮しながら推進しています。オランダ経済の強さの第二の要因はこのような政府の一貫した企業活動を盛り立てる姿勢にあるのです。

第6章　一歩先を行く経営

オランダ経済の強さを支えている主な四つの要素——①コスモポリタン的国民性、②企業活動を強力に支える政府、③企業の先進的な経営力、④優れた経済的なインフラ——の三番目、企業の先進的な経営力を紹介しましょう。

オランダは一六〇二年に世界で初めての株式会社である東インド会社を設立して以来、四〇〇年以上の長い株式会社の歴史を持ちます。それだけに企業経営には一日の長があります。その企業経営を見て、日本の企業も見習うべきだと思ったことが五点あります。一つ目は、好不況に関係なく戦略的に企業の事業構造（会社が行う事業の種類や内容）の見直しを常に行っていること、二つ目は、国境を越えてダイナミックに企業再編を進めていること、三つ目は、先進諸国に万遍なく投資を行っていること、四つめは、高い労働生産性を実現していること、五つ目は、企業統治（コーポレート・ガバナンス）

が地に着いていることです。

私の駐在期間中にも、その先進的経営を印象付けるような随分大きな動きがありました。日本では考えられないような大きな変化でした。

1　好不況にかかわらず事業構造の転換を推進

AkzoNobel
Tomorrow's Answers Today

アグゾー社のロゴ　Wikipedia, Author AkzoNobel

現地でオランダ人の経営を身近に観察して、その戦略的経営の手腕には感心させられました。私が勤めていたのは化学会社ですから、駐在期間中は、オランダを代表する化学会社、アクゾー・ノーベル社（AKZO NOBEL，以下、アクゾーと表す）とＤＳＭ（ディーエスエム）社の二社の動きを特に注意して見ていたのですが、丁度その時期にこの二社は大胆な事業構造の転換を行いました。そのプロセスを見て、彼らが長期的かつ大局的な観点に立って、戦略的経営を用意周到に行っていることがよく分かりました。この二社には、彼我の経営力の差を見せつけられた思いがしました。その二社の大胆な、事業構造の転換劇を紹介しましょう。

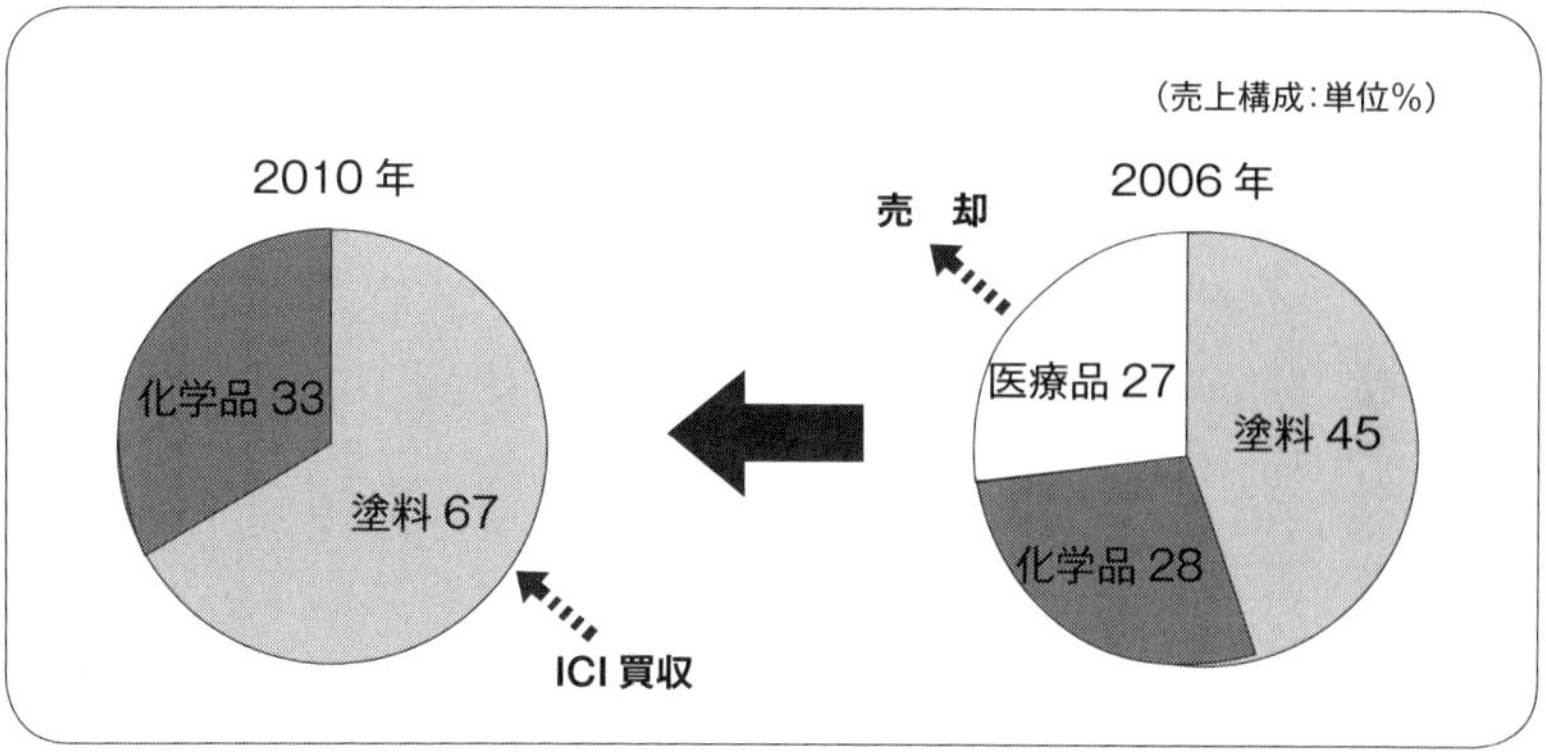

図表 6-1　世界一の塗装会社に変身したアクゾーの事業構造転換

世界一の塗料会社に変身した化学会社アクゾー

オランダ最大の化学会社アクゾーは、劇的な事業構造の大転換を成し遂げました。アクゾーの事業の柱は、塗料事業と医薬品事業（オルガノンという有名なブランドでした）でした。同社の医薬事業は避妊薬のピルを発明したことで有名です。

二〇〇七年三月、同社は極めて高収益な事業だったにもかかわらず、医薬品事業を一一〇億ユーロ（一ユーロ一五〇円換算で約一兆七〇〇〇億円）でアメリカの医薬品会社シェリング・プラウ（Schering-Plough, 二〇〇九年にメルクに吸収合併された）に売却すると発表しました。続いて同年八月には、この売却資金で、イギリスの名門化学会社ＩＣＩ（Imperial Chemical Industry、アイシーアイ）を八〇億ポンド（一ポンド二〇〇円換算で一兆六〇〇〇億円）で買収すると発表しました。当時ＩＣＩは既に総合化学会社から、塗料事業に特化した会社に転換していましたので、これを加えたアクゾーの塗料事業の規模は一気に拡大し、一躍世界最大の塗料会社（アクゾーの表現では「the largest global paints and coatings company」）に変身することになりました（**図表6―1**）。

自動車、航空機、船、電気製品などの工業製品から、ホームペインティングなどの身近なものまで塗料はあらゆるところに使われており、経済成長と共に需要が拡大しています。アクゾーはこれを成長事業として位置づけ、塗料事業に経営資源を集中的に投入することが、その強みを発揮して世界で勝ち抜く道だと判断したのです。塗料事業と医薬品事業では、事業内容が全く違い、経営者が両方を的確に意思決定することが難しくなってきている上、競争が厳しくなってきているグローバル市場で中途半端な規模では勝ち抜けないと判断して大胆な「選択と集中」の決断をしたのです。この決断は多くの株主から評価され歓迎されました。

DSM 本社　Wikipedia, Author Adam Whitworth

景気に左右されなくなった化学会社ＤＳＭ

同じくオランダを代表する総合化学会社ＤＳＭは、二〇〇〇年に景気に左右されにくい会社に転換するためのマスタープラン「Transformation（転換）」を発表しました。目標は五年後の二〇〇五年でした。ＤＳＭは、もともと国営の石炭会社でしたが、発展して総合化学会社になり、第二次大戦後に民営化されたものです。社名のＤＳＭは、オランダ国営石炭会社、Dutch State Mining に由来します。石油化学事業、高機能製品事業、バイオ事業などを

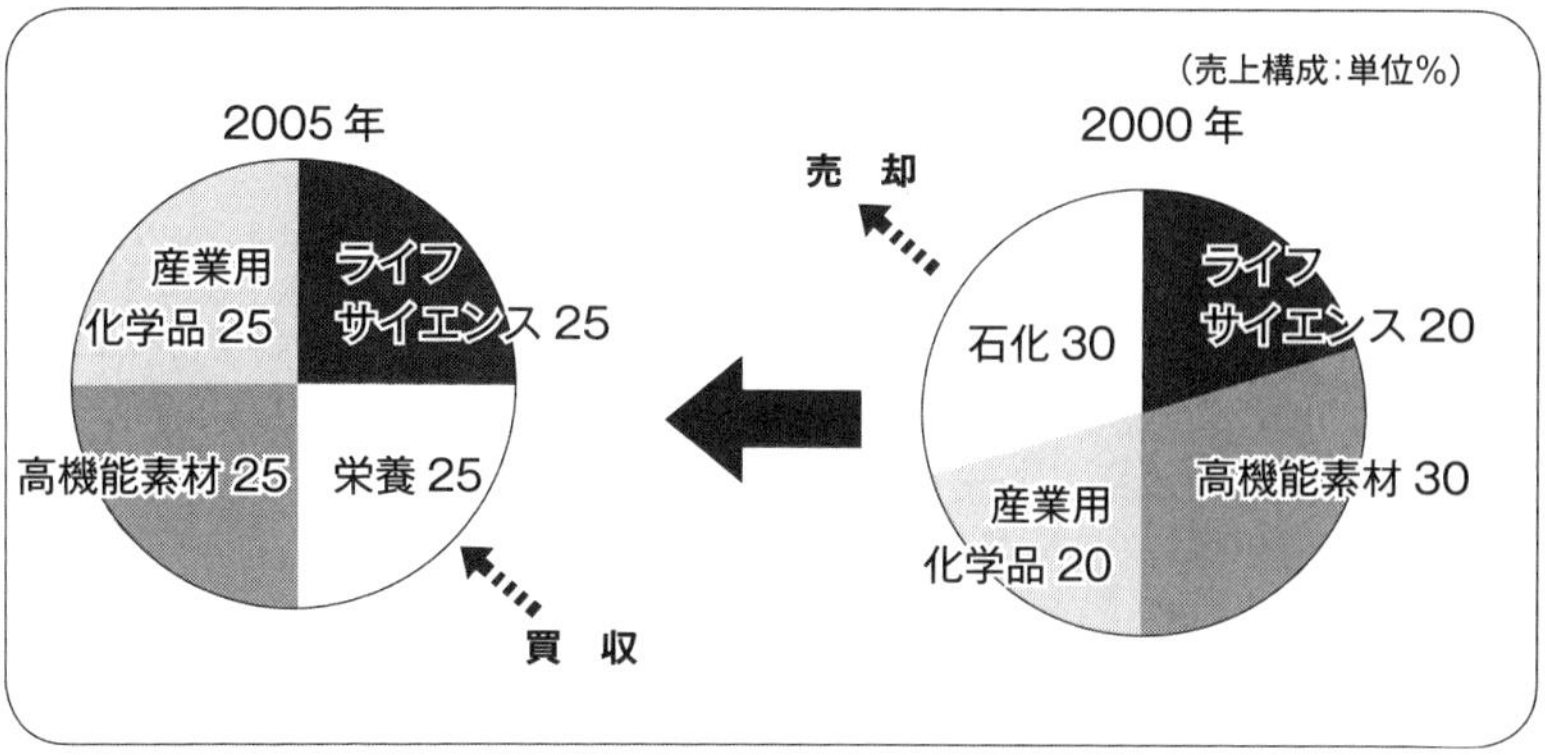

図表 6-2　景気に左右されにくい事業構造に転換したDSM

主力事業としていました。

石油化学事業は、売上の約三〇％を占める非常に市況に左右されやすい事業でした。ＤＳＭは、この規模の石油化学事業では世界競争に勝ち抜くのは難しいと判断し、これを二〇〇二年にサウジアラビアのＳＡＢＩＣ社（サービック、世界最大級の化学会社）に売却などして、二二億ユーロ（一ユーロ一五〇円換算で約四八〇〇億円）の資金を確保しました。その資金で二〇〇三年にスイスの製薬会社ロッシュから、好不況に左右されないビタミン事業を買収することに成功しました。これにより、ＤＳＭは株主などに約束した景気に左右されにくい事業構造を実現したのです（**図表6―2**）。当時のＣＥＯエルバーディング氏（Peter Elverding）は、この絵にかいたような見事な事業構造の転換を果たしたことにより高く評価され、二〇〇五年オランダの「CEO of the year」の栄誉に輝きました。この事業構造の転換の結果、ＤＳＭは二〇〇八年の金融危機に際しても、他の化学会社が赤字に落ち込む中、安定した収益を上げることができました。

大型トラックに絞って成功した自動車メーカーDAF（ダフ）

二〇一二年に三菱自動車がヨーロッパでの自動車生産から撤退すると発表しました。その工場はオランダにあり社名をNEDCAR（ネッドカー）といいます。その自動車工場は、もともとはオランダの自動車メーカーDAF社のものでした。DAF社は、早々と競争の激しい乗用車事業に見切りをつけ、NEDCARを外国の同業者に売却したのです。同社は、得意とする大型トラックに資源を集中し、今では欧州市場で高いシェアを持ち、高収益を上げる会社になっています。一方、乗用車事業NEDCARを買収した側は長い間業績不振に苦しみ、出資した企業が次々と途中で見切りをつける中で、最後に残ったのが三菱自動車でした。三菱自動車とDAF社のどちらに経営の先見の明があったかは一目瞭然です。オランダ人にしてやられた思いがします。一歩先を行く商売上手なオランダ人の経営センスを見せつけられたケースです。

業績好調でもリストラの手をゆるめない

オランダ企業を見て気付くのは、彼らが業績好調でもリストラの手を緩めないことです。本章の後で紹介するオランダを代表する銀行ABN AMROでも、IT部門をインドに移すので国内の従業員をリストラするといった類のことを普段から行っていました。名門企業ですら好不況にかかわらず、合理化の手を緩めないのがオランダです。日本では見ることのできない企業経営に対する経営者の厳しい姿勢です。業績が良いと不振事業や非効率部門にも甘くなりがちな日本に比べ、彼らの経営姿勢は一枚上手といわざるを得ません。

コラム　売却される事業もハッピー

日本では「欧米の経営者は、従業員を大事にする日本の経営者と違い、ドライだから事業の売買が平気でできる」と言われたりします。オランダで感じたのは、経営者が売却事業の従業員に大変気配りをしていることです。経営者が、売却される事業の従業員に次のような温かい励ましのメッセージを送っていたのが大変印象に残っています。

> この事業はわが社では中核事業ではなかった。しかし新しい会社では、中核事業になる。それは事業にとっても、あなたがた従業員にとってもプラスになるのだ。

オランダ人が大切にするウィン／ウィン (Win/Win) の発想がここにもよく表れています。

実際に帝人㈱が二〇〇〇年にアクゾーから買収した高機能繊維事業は、今では帝人㈱の中核事業になっており、買収後に生産能力も従業員も２倍以上に増えました。社員の昇進の機会も増えました。この事業がアクゾーに残っていたら、いわゆる飼い殺しにされて、こうした成長の機会に恵まれることはなかったでしょう。タイミングが大事ですが、売却される事業が本体から離れることは大きなチャンスにもなりうるのです。

リストラでさすがオランダ流と感心させられるのは、従業員が魅力を感じるような高い解雇補償金を積んで、会社も退職者もウィン／ウィン（Win/Win）になるようにしていることです（コラム参照）。

動きが遅い日本企業

これらアクゾーやＤＳＭの戦略的で大胆な事業構造の転換を間近に目撃して、事業構造転換の進まない日本の化学会社の現状に思いを馳せざるを得ませんでした。事業構造の転換をしたのはオランダの化学会社だけではありません。ドイツ、イギリス、フランスの化学会社もいずれも変革を成し遂げました。アメリカのデュポン社もアクゾーと同じように、医薬品事業を売却し、得意とする塗料事業などを買収しています。

野村證券のアナリストは、日本の化学産業について「……世界の化学産業では再編が常に行われている。……わが国の化学産業だけが何もせずに生き残れるだろうか。我々はそう思わない」と分析しています。

グローバルで勝ち抜くための大きな戦略が、日本の化学産業には問われています。化学産業だけではありません、グローバルな視点から見れば、日本の会社は同じ業種内でひしめきあい過ぎです。日本には、もっと大胆な合従連衡が必要です。さもなければ、世界に後れを取り、電機・電子産業のようにジリ貧になりかねません。

激化するグローバル競争で勝ち抜くには、アクゾーやＤＳＭのような戦略的経営で大胆かつ迅速な事業再編を行って勝つ体制を作ることこそ「経営者の本来の仕事」ではないでしょうか。

2　国境を越えて進む企業再編

オランダで強い印象を受けた経営の動きの一つに、国境を越えた、ダイナミックな企業再編の動きがあります。彼らのそうした経営戦略は、日本企業が今後グローバルで経営を考えるうえで、大きなヒントを与えてくれそうです。

生き残りに成功した航空会社ＫＬＭ

日本を代表する航空会社だったＪＡＬが、二〇一〇年に経営破綻したのは記憶に新しいところです。ＪＡＬ同様、オランダの国を代表する航空会社はＫＬＭです。ＫＬＭは、世界の航空マーケットの中で、自力で生き抜いていくのは難しいと早々と見通し、二〇〇四年にフランスの航空会社エールフランス（AIR FRANCE）に吸収合併されることを選択したのです。日本では、ＪＡＬが外国航空会社の傘下に入ることは、国民感情として考えにくいことです。ＥＵが、こうした再編に関して、各国の保護主義的介入を禁じていることもあり、ことは粛々と運び、オランダ人がこの合併に感情的な反発を示すことはありませんでした。オランダ人は、余計な愛国心などを振り回さない大人だとの印象を持ったものです。

その後両社は合併効果を生かし業績を好転させており、この再編は成功だったと評価されています。

最大の銀行を外資に譲渡

さらに驚いたのは、外国の金融機関連合によるＡＢＮ　ＡＭＲＯ（エービーエヌアムロ）銀行の買収劇です。ＡＢＮ　ＡＭＲＯと言えば、東インド会社に起源を持つ歴史と伝統ある銀行で、総資産世界一六位、従業員一一万人を擁するオランダ最大の銀行でした。オランダでは、ＡＢＮ　ＡＭＲＯは、日本における三菱東京ＵＦＪ銀行よりさらに存在感の大きい銀行でした。このＡＢＮ　ＡＭＲＯが二〇〇七年に、イギリスのロイヤル・バンク・オブ・スコットランド（Royal Bank of Scotland）、オランダとベルギーの両国を拠点とするフォルティス（Fortis）、スペインのサンタンデール（Santander）の三金融機関連合に買収され、ＡＢＮ　ＡＭＲＯの事業が三分割されるという想像を超える再編劇が起きたのです。オランダ人は、この再編劇に関しても事態を冷静に見守っていました。コスモポリタンのオランダ人に大事なのは、資本主義のメカニズムがしっかり機能することで、取引を愛国心で曇らせるようなことはしないのです。

航空会社ＫＬＭやＡＢＮ　ＡＭＲＯ銀行の例に見られるように、国際競争に生き残るための合従連衡が、好不況にかかわらずヨーロッパでは進行しています。このようなヨーロッパのダイナミックな動きは、日本企業の今後の戦略に大きなヒントを与えてくれているのではないでしょうか。

	オランダ		日本	
投資相手国	シェア	順位	シェア	順位
ドイツ	22%	1位	3%	10位
イギリス	19%	2位	2%	8位
フランス	14%	2位	2%	9位
日本	11%	2位	ー	ー
オランダ	ー	ー	3%	9位
アメリカ	10%	4位	12%	2位

図表6-3　主要先進国への直接投資残高、シェアと順位。
（日蘭比較、2005年）[1]

3　したたかな海外投資戦略

オランダは、さすがにビジネス才覚に長けた国だと改めて感心させられたのは、その海外投資の実態を知った時でした。

オランダは、小国にもかかわらずその海外投資の累計、対外直接投資残高は、約四兆五〇〇〇億ドルで世界第一位であることは前に触れましたが、その巨額のお金はどんな国に向かっているのでしょうか。オランダの投資している国を調べてみると、彼らが先進諸国に満遍なく巨額の投資をしていることがわかります。先進諸国にバランスよく投資することで、安定した収益を安全に獲得する彼らの賢い戦略に敬意すら覚えます。

主要先進国に満遍なく投資

主要先進国が受け入れた外資の国別の状況を見ると、オランダのビジネスのしたたかさが浮き彫りになってき

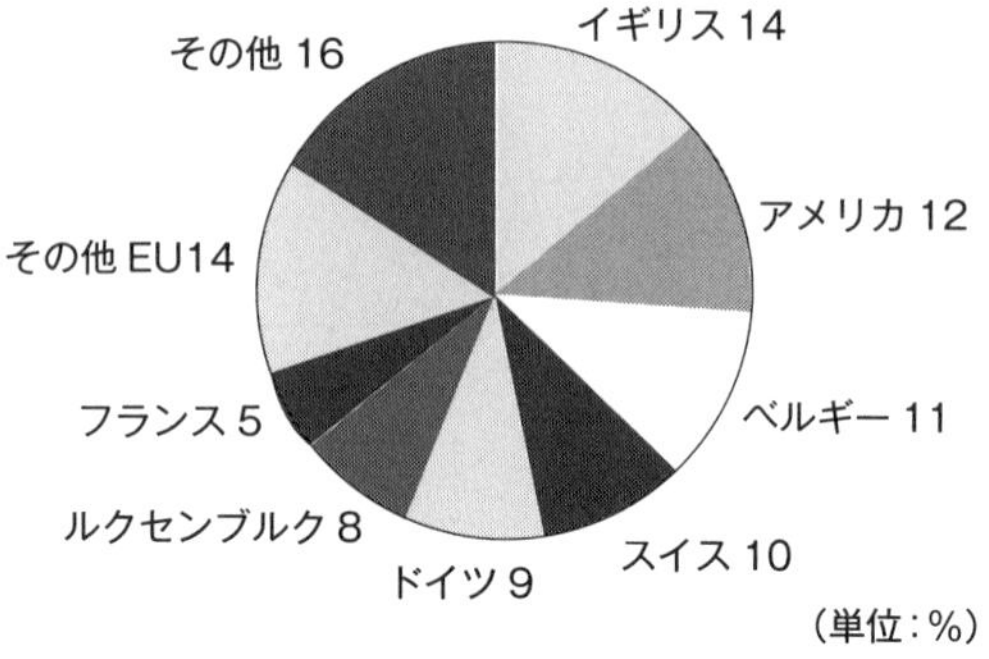

図表 6-4　オランダの地域別「対外直接投資残高」（2010 年）[2]

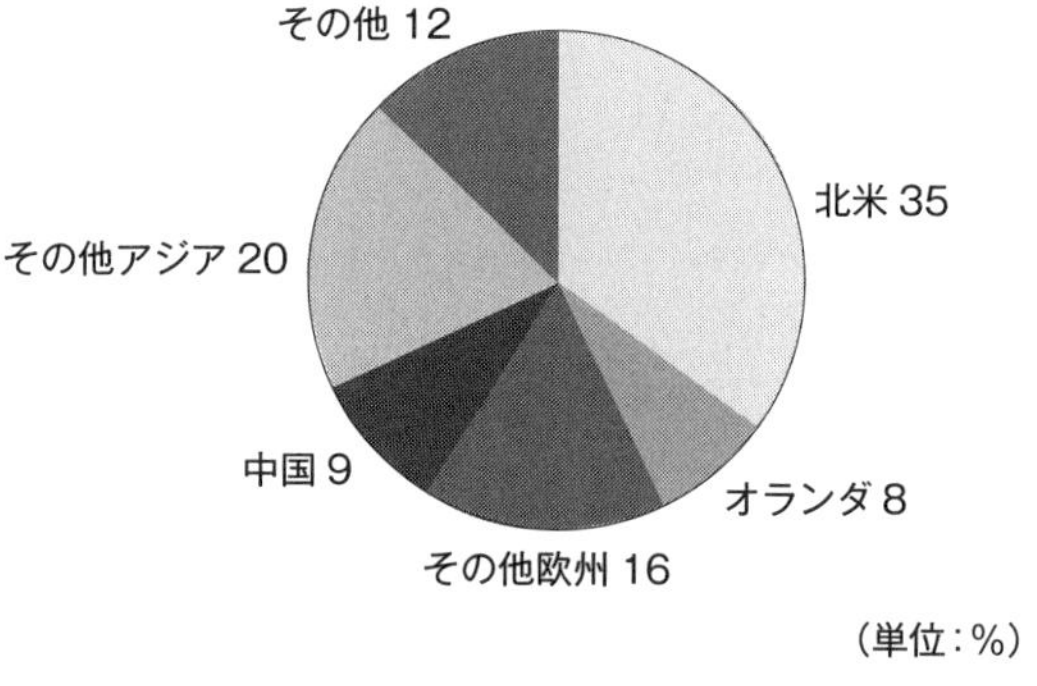

図表 6-5　日本の地域別「対外直接投資残高』（2015 年末）[3]

ます。データがやや古いのですが、二〇〇五年に主要先進国の対内直接投資残高の中に、オランダの占める比率とその順位は以下のとおりです（図表6―3）。

ドイツ：二二％（一位）、イギリス：一九％（二位）、フランス：一四％（三位）、日本：一一％（三位）、アメリカ：一〇％（四位）。ヨーロッパの大国のドイツ、イギリス、フランスでは、小国オランダの投資が一、二位を占めているのです。さらに意外なことに、日本への投資でも、トップのアメリカに次いでオランダが二番目に大きいのです。オランダが、主要先進国で重要な投資国としての地位を占めていることに改めて驚かされます。

オランダの対外投資の国別内訳を図表6―4に示しています。この数字は、個別企業の投資活動の集積です。オランダ企業は、先進各国に満遍なく投資を行いリスクを分散し、安定した収益が得られるようにしているのです。理にかなった経営戦略です。このような主要先進諸国との太い経済的ネットワークは、相手国でのオランダのプレゼンスを高め、それは取りも直さずオランダの世界的地位の強化と安定をもたらすことに繋がっていると言えるでしょう。

対照的な日本――投資はアメリカに偏重

日本の対外投資の実態はどうなっているのでしょうか。二〇〇五年に主要先進国の対内直接投資残高の中に、日本が占める比率とその順位は以下の通りです（図表6―3）。

アメリカ：一二％（二位）、イギリス：二％（八位）、ドイツ：三％（一〇位）、フランス：二％（九位）、オランダ：三％（九位）。

コラム　オランダとアメリカを結ぶ太いきずな

オランダは、アメリカでは投資国としての順位は４位ですが、オランダにとってアメリカは最大の投資先です。一方でアメリカはオランダに対する最大の投資国です。両国の経済関係は大変緊密です。

両国の関係は、経済面だけではなく歴史的にも、政治的にも特別なものがあります。オランダ人のアメリカ進出の歴史は古く、1609年にニューヨークの地に最初に植民地を築いたのはオランダ人で、当時はニューアムステルダムと呼ばれたことはご存じのとおりです。このためニューヨークにはオランダに由来する地名がたくさんあります。ウオール街の地名もその一つで、オランダ人がその地に築いた砦の壁が地名の由来です。オランダ系アメリカ人は800万人にも達します。オランダはアメリカの独立を支援しましたし、第二次世界大戦のときには、アメリカがその軍人の血を流してオランダをドイツ軍から解放しました。両国の結びつきは、日本からは気付きにくいのですが大変強固です。オランダが、アメリカの要請に応じてイラクに派兵した背景にはこのような両国の強い関係があるのです。

オランダのバランスのとれた対外投資戦略に対し、日本の主要先進諸国に対する投資状況は、アメリカ偏重であることが分かります。これをより分かりやすく表しているのが図表6－5です。日本の対外直接投資残高は、二〇一五年で北米が三五％と全体の三分の一以上を占めています。この図からも、日本の投資残高はアメリカのウェイトが極めて高い構造になっていることがよく分かります。

4　高い労働生産性

オランダの経営が一歩先を行っていることは、彼らが高い労働生産性を実現していることにも表れています。

就業者一人がどれだけ価値を生み出すかを表すのが労働生産性です。二〇一三年のオランダの労働者の労働生産性は、ＯＥＣＤ加盟三四ヵ国中一四位です。Ｇ８諸国からロシアを除いた先進諸国とオランダの労働生産性を比較したのが図表**図表６―６**です。オランダは、ドイツ、カナダ、イギリス、日本より高く、日本を１００とするとオランダは１１９にもなります。

オランダは、サービス業、製造業、農業のいずれもが高い労働生産性を持っています。

国	生産性／年（単位：ドル）	指数（日本＝100）
アメリカ	115,613	158
フランス	94,653	129
イタリア	91,540	125
オランダ	87,195	119
ドイツ	86,383	118
カナダ	85,437	117
イギリス	78,062	107
日本	73,270	100

図表 6-6　主要先進 7 ヵ国とオランダの労働生産性（2013 年）[(4)]

サービス産業の労働生産性

サービス業はＧＮＰの四分の三以上を生み出しており、銀行、保険、輸送、商業、コンサルタントが重要な業種になっています。オランダの労働生産性が高いということは、その四分の三以上を占めるサービス産業の労働生産性が高いということです。

第３章の２と重複しますが、金融サービス、企業サービス、情報通信サービスは国際競争力があり、銀行はその利益の半分以上を、保険業界は保険料の四分の一を国外から得ています。物流では、ＥＵ域内水上輸送のおよそ四〇％、陸上輸送の二五％のシェアを持っており、ＥＵ域内物流のリーダー的地位にあります。

日系企業に限らず、オランダに進出する企業は、現地の「金融サービス」、「企業サービス（特に会計、法務）」、「情報通信サービス」を利用することが欠かせません。オランダが、外資を誘致すればするほど、これらのサービスの需要は増え、サービス業は発展します。私の会社も、会計事務所や法律事務所などに相当な経費を支払っていました。外資はオランダに直接的な雇用と税収をもたらすだけでなく、これらの企業サービス業の発展にも大きな貢献をしているのです。オランダ政府は、その波及効果もしっかり把握したうえで、強力な企業誘致活動をしているのです。オランダで実際に仕事をしてみて、進出した外国企業がいかに現地の経済の活性化に役立っているかがよく分りました。

企業サービス業（会計、法務、人事、マーケティング、コンサルティング等）は、顧客企業の業務効率を改善しますので、このサービス業の発展はホワイトカラーを中心とした労働生産性の向上に貢献していると言われています。

製造業の労働生産性

オランダは製造業でも世界有数の優良企業を持っています。フィリップス（電機）、ロイヤル・ダッチ・シェル・グループ（石油）、アクゾー（化学）、ＤＳＭ（化学）、ユニリーバ（油脂）、ハイネケン（ビール）などは、オランダを代表する世界的な多国籍企業です。

コラム　社会的ステータスの高い会計事務所、法律事務所

知的付加価値を生む会計事務所や法律事務所の社会的認知度やステータスはかなり高く、優秀な人材を引き付けています。8年間首相を務め、2010年に退任したバルケネンデ（Jan Peter Balkenende）が翌年に会計士事務所のアーンスト・ヤング（Ernst & Young）のパートナーとなったり、同内閣の副首相兼財務大臣だったボス（Wouter Bos）が会計事務所ＫＰＭＧ（ケーピーエムジー）のパートナーになったりしていることは、その証左です。

第3章の2でも触れましたが、世界最大の石油化学コンビナートがロッテルダムにあり、シェル、エッソなど世界を代表する石油会社が操業しています。

これら製造業の労働生産性は、サービス業に劣らず高いのです。オランダの製造業の労働生産性は、ＯＥＣＤ加盟主要二五ヵ国中三位です。これは製造業が強いと言われている日本（七位）、ドイツ（一二位）をも上回ります[5]。

高い労働生産性は戦略的経営の果実

オランダ経済省は「オランダの労働生産性の高さは、全体的な教育・訓練の基準の高さ、能率の良い労務体系、高水準のオートメーション化、労働者の勤勉に支えられている」[6]と述べています。そうした人的側面もありますが、労働生産性が高いのは、経営者が常に事業構造を見直して、より競争力が強く、より付加価値の高い事業内容にするような経営をしていることが最大の要因です。

日本人はオランダ人に勝るとも劣らず勤勉なのに、オランダの労働生産性が日本よりなぜ一九％も高いのか。それは経

営力の差と言うしかありません。オランダの経営者は、株式会社発祥の地だけあって、株主の資本を効率的に使ってより大きな価値を生み出すという、資本主義の原則に則った経営を徹底して行っています。それが戦略的経営を生み、その結果として高い労働生産性が生み出されているのです。先に例示したアクゾーやＤＳＭ、ＤＡＦ、ＫＬＭなどの事業構造の見直しや、企業の再編がオランダの戦略的経営のよい例です。

オランダ人自身も労働生産性の高いことを誇りにしており、その原因を「オランダ経済の成功は、オランダ労働者が他国民以上により熱心に働くことではなく、仕事をより効率的に再構成した効果によるものだ。」と認識しています。

世界の注目を集める先進的農業

オランダはわずか九州程度の面積しかない小国なのに、農産物輸出ではあアメリカに次いで世界二位です。オランダ農業は、国民消費に必要なものをすべて手に入れることではなく、「最も利益になる農業」に焦点を当てています。農家は、付加価値の高い園芸と牧畜に特化して大規模化しています。

オランダの園芸産業は、もはやいわゆる農業のイメージではありません。最先端のバイオ、環境、省エネ、物流技術を総合した工業的様相を呈しています。オランダは、切り花・鉢植え植物の輸出で世界一位です。チューリップは世界の八八％を生産しています。これを支える大規模な園芸ハウスが国際空港スキポール周辺に立ち並んでいます。国際空港のそばに立地しているのは、物流に都合がいいためです。全国の花が毎日、同空港に近い巨大なフラワーマーケットに集荷されます。アフリカな

オランダの酪農風景　提供：日通：内山氏

空港そばの巨大フラワーマーケット
提供：日通：内山氏

ど海外で栽培した花もここに集荷されます。ここでセリが行われたものは、即座に世界中に出荷されます。集荷、セリ、出荷には、最先端のシステム技術がフルに応用され、世界トップクラスの効率を生み出しています。ここは別名「花のウォールストリート」と呼ばれています。

酪農製品、食肉、鶏卵、家禽も大量に輸出しています。日本でも有名なゴーダ・チーズやエダム・チーズはオランダの製品です。

小国で海抜以下の国土が多いというハンディキャップがあるにもかかわらず、農産物の世界第二位の大輸出国になっているオランダ農業から日本が学ぶものは少なくありません。狭い国土と自然条件の厳しい国がここまでできるのですから、日本の農業も工夫次第でまだまだ可能性がある、とオランダを見ていると希望がわいてきます。日本の農業の競争力を高めるには、世界に視野を拡げた農業政策、農業経営を行うことが欠かせない、とオランダ農業を見て強く感じます。

5　経営者の暴走を防ぐしくみ――スーパーバイザリー・ボード

オランダの経営が進んでいると感心させられるのは、経営者の暴走を防ぎ、株主などのために最善の経営が行われるための企業統治システムが定着していることです。

大企業の経営者は大変な権限を持ちます。それをしっかりチェックする機能がないと、経営者は暴走しかねません。二〇〇〇年にはアメリカのエンロンの大不祥事件が世界中を驚かせましたし、日本でも二〇一一年にはオリンパスの、二〇一五年には東芝の不祥事がありました。このような不祥事は、株主をはじめとする企業の利害関係者の利益を著しく損ないます。このような事態は何としても防止しなければなりません。経営の暴走を防ぎ、株主などのために最善の経営が透明性を持って行われるようにする必要があります。そのために経営者を監視、監督し、経営の透明性と公正性を高める仕組みを「企業統治」、英語でコーポレート・ガバナンス（Corporate Governance、以下、CGと表す）と言います。

オランダのCGは大変良くできています。形式だけに終わることなく、地に足がついています。経営者が勝手に好き放題に経営はできません。さすがに世界最初の株式会社を発足させて以来四〇〇年の長い歴史を持つ国だけに、株主などの利害関係者を守る体制はしっかりしています。経営には透明性が大事だということを国民の皆が当然のことだと考えています。CGの必要性や重要性に関して国民的な合意ができています。このCGの仕組みは、オランダ企業の持つ強みの一つです。

経営陣を監督するスーパーバイザリー・ボード

CGの中心的役割を担っているのが、経営陣を監督する機関スーパーバイザリー・ボード（Supervisory Board、以下、SVBと表す）です（日本語では適切な訳語が見当たりません）。SVBは、経営者で構成される業務執行の最高意思決定機関である経営会議（Management Board）の上位に位置しており、社会で卓越した業績を認められたメンバーで構成されます。

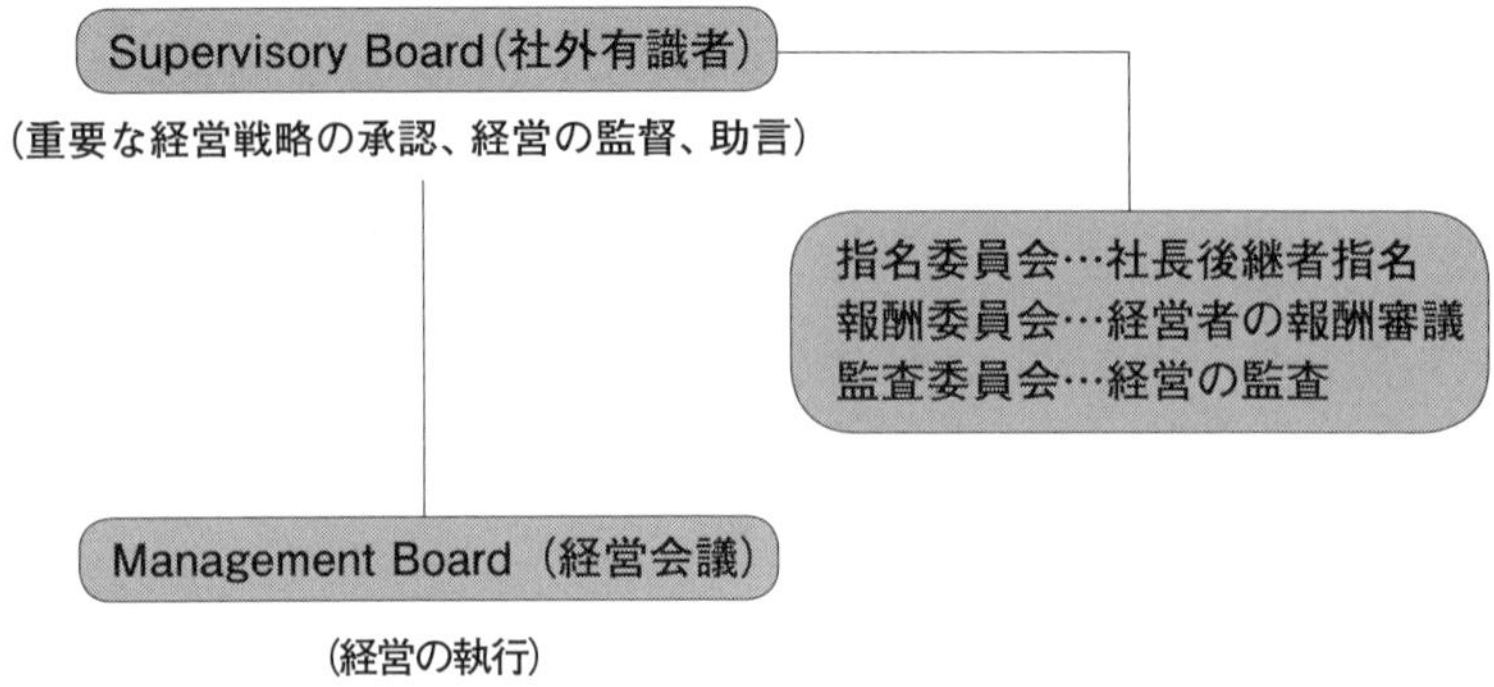

図表 6-7　経営陣を監視するスーパーバイザリー・ボード

その主な役割は、経営会議に対する「監督 supervise」、「助言 advise」および「特に重要な経営上の意思決定や戦略の承認」です。

SVBは通常、経営者を人選する「指名委員会」、経営者の報酬を決める「報酬委員会」、経営の透明性を調べる「監査委員会」の三つの委員会を持ちます。このSVBが、経営の透明性向上に大きな役割を果たし、CGの中心的役割を果たしています（図表6―7）。

卓越した実績がボード・メンバーの要件

SVBが上手く機能するには、メンバーに適任者を得ることが鍵になります。私は化学会社の動向に注意を払っていましたので、オランダの代表的化学会社DSMのメンバー選考の基準を紹介しましょう。

DSMは、SVBメンバーの要件として一二項目示しています。その主なもの七項目を抜粋して以下に紹介します。なおメンバーは会社と利害関係があってはならず、その独立性の要件は法律で詳しく規定されています。

・誠実さ（Integrity）
・他のメンバーに対して自由な立場で批判的に行動できること
・会社とそのステークホルダー（利害関係者）に目配りできること
・社会の国際的トレンドへの感度
・社会的感度および人間社会のダイナミズムに対する感度
・社会での成功や卓越した実績が広く認められていること
・分析的、批判的であると同時に問題解決指向であること、等です。
これらの要件から分かるように、ＳＶＢメンバーは、卓越した人格、見識、実績を持った人の中から選ばれているのです。

国境を越えてボードに英知を結集

ＳＶＢメンバーの実態を、経営のグローバル化が進んでいる、化学会社アクゾーのケースで見てみましょう。

アクゾーのＳＶＢのメンバー数は二〇一五年時点で七人です。メンバーは国境を越えて選ばれており、七人のうちの三人はオランダ人ですが、残りの四人はフィンランド人、アメリカ人、イギリス人、スウェーデン人です。いずれも社会で卓越した実績が認められた世界的大企業の経営経験者です。

オランダ国籍三人のプロフィールは、オランダを代表する世界的企業ユニリーバ元ＣＥＯ、約四〇〇〇億ユーロを運用するＡＰＧ（オランダ年金基金）ＣＥＯ、フランスの世界的通信会社アルカテ

アクゾー・ノーベル Supervisory Board メンバー（2015 年）	
主要経歴（氏名省略）	国籍
元ユニリーバ CEO	オランダ
現 APG（オランダ年金基金）CEO	オランダ
元アルカテル・ルーセント CEO	オランダ
元ロッキード・マーティン CEO	アメリカ
元 BP 取締役	イギリス
元ノキア取締役（女性）	フィンランド
元 ABB Financial CEO（女性）	スウェーデン

図表 6-8　スーパーバイザリー・ボードのメンバー（例）

ル・ルーセントの元ＣＥＯです。残りの外国人四人も、いずれも世界的大企業であるロッキードマーチン（米）、ＢＰ（英）、ノキア（フィンランド）、ＡＢＢファイナンス（スウェーデン）のトップ経験者で、フィンランド人とスウェーデン人は女性です（**図表6—8**）。

このようにアクゾーのような世界的な大企業は、そのＳＶＢに国境を超えて賢人を集め、様々な角度から経営をモニタリングしてもらい、また助言をしてもらっているのです。企業活動はますますグローバル化していますので、このようなボーダレスなメンバー構成には大きな意味があります。ＳＶＢメンバーの平均年齢は六五歳で、経営者側の五一歳を一四歳上回っていますが、メンバーに対する要件の違いからこの差は納得がいきます。

ＳＶＢの開催頻度は、通常は年に八回程度ですが、大きな案件がある場合は開催頻度が増え、アクゾーでは、医薬品事業の売却とイギリスの化学会社ＩＣＩの買収があった二〇〇七年には一五回開催されました。

社会的ステータスが高いボード・メンバー

私自身も社員一五〇〇人のオランダの子会社テイジン・アラミド社（以下、アラミド社と表す）のSVBの議長をしましたので、SVBの意義や実際の役割を手触りで実感することができました。アラミド社のSVBメンバーには、オランダ北部開発公社総裁や鉄鋼会社の社長など要職にある方々を迎えることができました。メンバーはSVBが企業統治（CG）に果たす役割を理解し、その仕事に誇りを持ち、実に熱心に取組んでくれたのが強く印象に残っています。

テイジン・アラミド社スーパーバイザリー・ボードのメンバー（前列右が著者）

オランダのSVBが、形式だけにとどまらず実質的な機能を持って社会に定着し、SVBメンバーが社会から高い評価を受けているのは、オランダに初めて株式会社が一六〇二年に設立されて以降、その後の長い歴史を通じて、経営には透明性が重要だとの国民的合意ができているためです。

ボードの存在は経営者の励み

SVBの監視や監督があることは、経営に取り組む経営者に「緊張感」というポジティブな影響をもたらします。それだけではありません。ＳＶＢのメンバーは、社会で卓越した実績が認められ社会的評価の高い人々であり、その多くは企業経営の成功者でもあります。そのような人たちから助言されたり方針を承認されたりするということは、リスクがつきものの事業に取組む経営者にとっては大変な励み、勇気付けになるという効果も併せてもたらしています。

地に足が着いたように定着し機能しているオランダのＳＶＢと比較して日本を見ると、コーポレートガバナンス、企業統治ということは近年いろいろ言われていますけれども、日本の実態はこの面ではまだまだ道半ばだという感じがします。

6　世界で活躍するオランダ企業

オランダの世界的企業といわれても、直ぐに社名が浮かぶ人はまずいないでしょう。オランダの一歩先を行く経営を実感してもらうために、オランダの世界的企業にはどのような会社があるのかを具体的にご紹介しましょう。

オランダの世界的企業のうち、アクゾー（化学）、ＤＳＭ（化学）、ＫＬＭ（航空）、ＡＢＮ ＡＭＲＯ（銀行）については既に紹介しましたので、これ以外の主な企業を紹介します。取り上げる企業は、シェル、ユニリーバ、ハイネケン、テン・カーテ、ＡＳＬＭ、ＩＮＧ銀行の六社です。

ガソリンスタンドでおなじみのシェル

ガソリンスタンドでおなじみのシェル石油は、オランダのロイヤル・ダッチ・シェルの子会社です。同社は、世界第二位の民間石油会社で、ヨーロッパでは最大です。アメリカのビジネス雑誌『フォーチュン』による売上高でみた世界企業ランキング（二〇一四年）で、同社は世界第二位になりました。一四五の国にグループ企業を持ち、一〇万人以上の従業員を雇用しています。

オランダで社名にロイヤル（オランダ王国の）をつけることを許されるのは、長い伝統と優れた業績を維持していると認められた企業に限られます。この「ロイヤル」は優良企業とのお墨付き、あるいはそれ以上のものであり、企業にとっては大変な名誉ある称号です。

「Ｄｏｖｅ」で有名なユニリーバ

よく目にする「Ｄｏｖｅ」は、ユニリーバのブランドです。同社は珍しくオランダとイギリスの両方に本社を持つ会社です。「Ｄｏｖｅ」をはじめとするスキンケア、ヘアケアなどのケア用品やリプトン紅茶やクノールブランドの食品を製造、販売しています。一八〇ヵ国以上にグループ企業を持ち、一七万人以上の従業員を雇用しています。

オランダのユニリーバは、海洋国家の会社に相応しく発祥はクジラの油、鯨油を扱う会社でした。その油脂技術を発展させて食用油脂やケア用品の大企業に成長したのです。オランダは一時期、鯨油の最大生産国でした。原料供給となる北極海捕鯨は一八世紀半ばまでに終焉してしまいます。鯨が乱獲で徹底的に取り尽くされてしまったためです。

ビールで世界のビッグ三、ハイネケン

オランダ人はビールが好きです。ビールといえばハイネケン。ハイネケンブランドはオランダの至る所で目にします。世界のビール市場のシェアで、日本最大のキリンビールは九位、アサヒビールは一〇位ですが、ハイネケンは三位と日本のメーカーをはるかに引き離しています（二〇一四年のシェア）。ハイネケンは世界一〇〇ヵ国に工場を持ち、約六万人の従業員を雇用しています。日本ではキリンビールとの合弁会社ハイネケン・キリン㈱を通じて販売をしています。

電気カミソリでおなじみのフィリップス

日本では、フィリップスは電気カミソリやコーヒーメーカーなどで知られているくらいですが、ヨーロッパを代表する電気機器メーカーです。家電製品事業や半導体事業を早々と撤収し、医療機器、照明器具などの競争力がある成長性の高い事業に経営資源を投入し、今では世界の主要電機メーカーの中で最も利益が高い企業になっています。電気シェーバーでは世界第一位です。

世界各地にグループ会社を持ち、売り上げは約二三〇億ユーロ（二〇一三年）で、世界一〇〇ヵ国以上に一一万人を超える従業員を擁しています。

同社の正式の社名はロイヤル・フィリップス・エレクトロニクス（Royal Philips Electronics）と言い

ます。シェル社同様、名誉の称号ロイヤルを冠することを許された優良企業です。

サッカー場の人工芝はオランダ製

日本の人工芝の九〇%は、オランダのテン・カーテ（Ten Cate）社の製品だそうです。同社はもともと衣料用繊維の会社でしたが、事業の構造転換をすすめ、今やハイテク素材の高収益会社に変身しています。サッカーが盛んなお国柄のためでしょう、高性能の人工芝を開発し、人工芝では世界のトップシェアを持っています。

人工芝だけではありません。二〇一一年、東レが「航空機向け炭素繊維複合材料で世界最大手のテン・カーテと提携する」と発表しました。テン・カーテは航空機向け複合材料などの最先端の素材分野でも世界のトップ企業なのです。

同社の正式の社名はロイヤル・テン・カーテ（Royal Ten Cate）といいます。シェル社同様、名誉の称号ロイヤルを冠することを許された優良企業です。

半導体製造装置でダントツのＡＳＭＬ

ＡＳＭＬ（エーエスエムエル）という会社の名前を知っている人はまずいないでしょう。半導体製造装置の中で最も高価なのが半導体露光装置です。半導体露光装置メーカーと言えば、日本ではニコン、キヤノンが有名で、日本のお家芸と思いがちですが、実はオランダのＡＳＭＬが日本企業を猛追して追い越し、今や世界シェアの六八%を占めています（二〇〇九年）。

世界の半導体メーカーのほとんどが同社の装置を使用しており、スマートフォンなどの需要増大を背景に、業績を伸ばしています。

オランダは優れた光学機器を作ってきた歴史を持つ国なので（二二六ページ参照）、半導体露光装置もその伝統に由来するのかもしれません。

世界的金融機関ＩＮＧ

ＩＮＧ（アイエヌジー）は四〇ヵ国以上で銀行、保険などを展開する世界的金融機関で、八万人以上の従業員を擁しています。二〇一二年の『フォーチュン』の世界企業ランキングでは世界第一八位で、金融分野ではトップでした。二〇〇八年の金融危機で業績が急速に悪化し、保険事業を売却するなどのリストラを余儀なくされましたが、二〇一四年には公的資金を前倒しをして完済するなど、業績が回復しています。

一歩先を行くオランダの経営の特徴として、「好不況に関係なく事業構造の見直しを行っていること」、「国境を越えて企業再編を進めていること」、「先進諸国に万遍なく投資していること」、「高い労働生産性を実現していること」、「企業統治が地に着いていること」を見てきましたが、いずれも日本の今後の経営を考える上で大いに参考になるのではないでしょうか。このような一歩先を行く先進的な経営が、オランダ経済の強さの第三の要因なのです。

第7章 目を見張る超一流の経済インフラ

前章までで、オランダ経済の強さを支えている四つの要素のうちの三つ――①コスモポリタン的国民性、②企業活動を強力に支える政府、③企業の先進的な経営力――を取り上げましたので、この章では四番目の要素である「優れた経済的インフラ」について見ていきます。この国の強い経済を理解する上で、「国の基幹的競争力」とされる超一流の優れた「物流インフラ」の存在は見逃せません。以下ではその物流インフラに絞って紹介しましょう。

オランダ人は水と戦って計画的に作った国土に、非常に効率的な港湾、運河、空港、道路、鉄道などの物流システムを組み込みました。オランダという国は、物流を考えた場合には、地理的に非常に恵まれており、ヨーロッパの玄関口として絶好の場所にあります。オランダは内陸水路交通の発達したヨーロッパにおいて三つの大河、ライン川、マース川、スヘルデ川の河口にあり、恵まれた交通

ユーロマストよりロッテルダム港を臨む

の要衝に国が立地しています。しかも、オランダを中心に半径五〇〇キロの円を描くとヨーロッパの主要市場がその中に入るというヨーロッパ大陸の中央に位置しているため、物流産業の立地には極めて適しています。オランダと比較するために、東京を中心とした半径一〇〇〇キロの円を描いてみると、圏内には朝鮮半島の一部しか入りませんから、いかにオランダが物流上優位な地位にあるかわかります。

オランダからは、海路、内陸水路、陸路、空路のすべての輸送網が使えます。この優位性を最大限に生かし、国を挙げて世界有数の物流インフラを作り、ヨーロッパ最強の物流センターとしての地位を築き上げました。EU内では物の移動に関して国境がなくなったので、ヨーロッパへの物流の玄関口としてのオランダの優位性はさらに強まっています。このため物流は、オランダが最も得意とする基幹的競争力になっています。

このオランダが築いた世界有数の卓越した物流インフラが、オランダ企業の競争力を下からしっかり支えているのです。

オランダの物流のインフラの素晴らしさを次の順番で紹介することにしましょう。

①ヨーロッパ最大の港湾ロッテルダム

②国際的に評価の高いスキポール空港
③全国を網羅する無料高速道路網
④見直されている鉄道網

1　ヨーロッパ最大の港湾ロッテルダム

順位	港湾名	国名
1位	ロッテルダム	オランダ
2位	ハンブルグ	ドイツ
3位	アントワープ	ベルギー

図表 7-1　ヨーロッパのコンテナ取扱港ランキング（2014 年）[1]

ロッテルダムはヨーロッパの物流の玄関口

ロッテルダム港は、大河ライン川、マース川の河口に位置し、東西五〇キロにもわたるヨーロッパ最大の港湾であり、ヨーロッパの物流の玄関口です。二〇一四年のコンテナ取扱量は、ヨーロッパでは最大であり、世界でも一〇位にランクされています（**図表7―1**）。世界中からの貨物が同港で積み換えられ、陸路あるいは内陸水路（河川水路、運河）経由でヨーロッパ中に輸送されています。その輸送ルートは、内陸水路五〇％、道路二九％、近海海運四％、パイプライン一五％、鉄道四％です。

ヨーロッパ最大の港ロッテルダム　提供：日通・内山氏

発達しているヨーロッパの内陸水路網

日本と違い、ヨーロッパでは河川、運河といった内陸水路網が重要な輸送ルートとして整備され幅広い地域をカバーしているため、ロッテルダムからヨーロッパ各地へ大型バージ船（平底内航荷船）で大量の荷物を効率よく輸送できます。この発達した内陸水路網を利用してドイツはもちろん、驚くことにスイスや遠く黒海沿岸まで水上輸送が可能なのです。内陸水上輸送は、EU内の自動車による長距離輸送の増加で深刻化している大気汚染対策としても見直されています。

オランダ国内においてもその内陸水路網は驚くほど発達しています。九州程の国土なのに、航行可能な水路の全長は約五〇〇〇キロにも達します。日本の高速道路の延べ延長数が七〇〇〇キロですから、オランダの内陸水路網がいかに発達しているかが分かります。

オランダは世界最大の内陸航行船を持ち、EU域内水上輸送のおよそ四〇％を担っており、ヨーロッパの内陸水路輸送のリーダー的地位にあります。

悲願だったヨーロッパ運河

ライン川とドナウ川を運河で結び、北海と遠く離れた黒海を内陸水路で航行できるようにすることは、長い間ＥＵの人々の悲願でした。この悲願だったライン川とドナウ川を結ぶ一七キロの運河（ライン・マイン・ドナウ運河、略称ヨーロッパ運河）が一九九二年ドイツに完成したのです。この運河を経由してロッテルダムと黒海沿岸の間三五〇〇キロの航行が可能になり、輸送コストが大幅に下がりました。この新運河の開通で、運河を利用する物流が活発になり、運河沿いの諸国の経済に活気がもたらされるとともに、オランダのロッテルダムが東欧諸国の出先港にもなったので、その役割はますます大きなものになっています。

将来を見すえた大拡張工事

ロッテルダム港は、ヨーロッパ最大の港湾という現在の地位を盤石なものにするために、その優位性をさらに強化し、港湾としての競争力を強固なものにする取り組みを進めています。「マースフラクテ2プロジェクト」という港湾の大規模拡張工事が進行中で、港湾が現在より二〇〇〇ヘクタールも拡張されます。これにより次世代の喫水の深い超大型スーパータンカーの入港も可能になる予定です。

2　世界的評価の高いスキポール空港

港や内陸水路に次いで、国際物流で大事な空港の紹介をします。アムステルダム市に近い海抜マイナス五メートルの土地に、広大なスキポール空港があります。

順位	空港
1位	フランクフルト
2位	パリ
3位	**スキポール**
4位	ロンドン

図表 7-2　ヨーロッパの空港貨物ランキング（2014 年）[2]

世界的評価の高いスキポール空港　wikipedia, Author Mark Brouwer

世界トップクラスと定評の空港

スキポール空港は、アメリカの旅行雑誌『エグゼクティヴ・トラヴェル・マガジン』で最優秀国際空港賞に、二〇〇八年、二〇〇九年に続き二〇一一年も選ばれるなど、機能的で利用しやすいとの定評があります。

貨物取扱量はヨーロッパ三位、乗降客数はヨーロッパ四位、発着回数はヨーロッパ四位のハブ空港で、空港ランキングで常に上位にあります（**図表7－2**）。スキポール空港は、滑走路を六本（うち一本は小型機用）持つ巨大空港です。日本の成田空港は滑走路が二本ですから、彼我には大きな差があります。

旅行者の便利を第一に考えた空港

スキポール空港はオランダ国鉄の駅と直結しており、オランダ各地にこの空港から鉄道を利用して簡単に移動できるだけでなく、ブリュッセルを経由してパリに三時間で行く超特急列車タリスもこの空港駅から利用できるので、欧州各地への鉄道旅行にも大変便利です。

アムステルダムのビジネスの中心地、ワールド・トレード・センター（通称ＷＴＣ）駅まではわずか一駅、所要時間は七分足らずなので、特にビジネスマンには非常に使い勝手の良い空港です。私のオフィスは、そのＷＴＣにありましたが、飛行機がスキポール空港に着陸してからＷＴＣの私のオフィスに到着するまでの時間は、パスポートコントロールの通過や荷物の受け取りを含め、わずか三〇分でした。大変使い勝手の良い便利な空港です。

将来を見すえた増設工事

スキポール空港は、非常に高い空港関連の技術とノウハウを持っています。空港設計、空港運営、旅客取扱、貨物ハンドリング、専用設備など空港ビジネスに関して世界最先端との高い評価を国際的に得ています。過去数十年間に、世界各国の空港が軒並みオランダの空港関連技術を導入しているほどです。現在ある六本の滑走路に加え、さらにもう一本の増設計画が進行中です。現に卓越した優位性を持っているにもかかわらず、将来を見据え競争力を盤石なものにしようとする姿勢に、経済競争力で勝ち抜くというオランダの強い意志を感じます。

3　ヨーロッパで最も発達している高速道路

陸上輸送の主役である高速道路網は、非常に整備され、ヨーロッパで最も発達しています。

オランダの高速道路の密度はＥＵで最も高く、ＥＵ平均の四倍に達します。その高速道路の利用料金は無料です。道幅が広く、見通しがよく、案内表示は大きく、安全性に優れ、運転が楽です。最高速度制限は時速一三〇キロで、日本の時速一〇〇キロを大きく上回ります。この高速道路をオランダとヨーロッパ各国を往復する大型貨物トラックが、引切り無しに走っています。日本に比べトラックのサイズが一回りも二回りも大きく、スピードも速いので、輸送効率の高さは一目瞭然です。オランダ企業は水上輸送と同様に陸上輸送にも強く、ＥＵ域内において陸上輸送の二五％のシェアを持っています。

幅が広く、見通しが良く、安全性に優れた高速道路

コラム　頭の痛い交通渋滞

オランダをドライブしていると突然渋滞が起きることがあり、土地勘のない外国人を戸惑わせることがありますが、それは主に道路と交差する運河の水門が明けられるときです。運河が多いので、主要な幹線道路でも水門の開閉による渋滞がたまに起きます。典型的な会議への遅刻の言い訳は、「橋が開いた」だといいます。最近は、車両の増加による高速道路の渋滞が大都市周辺で問題化してきています。道路の拡張や新設で渋滞問題を解消するよう経済界から強い働きかけが政府に対してなされていますが、環境保護者の抵抗で渋滞問題の解決のスピードは、はかばかしくないのが現状です。対策の一つとして高速道路を日本のように有料化する案もあります。

交通渋滞の元、跳ね橋
提供：日通・内山氏

4　着々と強化が進む鉄道

国境を越える高速鉄道ネットワーク

オランダの鉄道システムはヨーロッパの鉄道網と完全に統合されており、近隣諸国だけではなく、中欧、東欧、独立国家共同体（CIS）全域まで鉄道輸送が可能です。

フランス方面への旅客輸送に関しては、高速鉄道「タリス」の高速化工事が二〇〇九年に完成し、アムステルダムとベルギーの首

アムステルダム～パリ間を結ぶ高速鉄道タリス
Wikipedia, public domain

都ブリュッセルの所要時間は一時間四七分に、アムステルダムとパリは従来の五時間から三時間一八分に短縮されました。

ドイツに向けては、アムステルダムから高速鉄道インター・シティ・エクスプレス（略称ＩＣＥ）がデュッセルドルフ、ケルン、フランクフルトを経由し、ミュンヘンまで通じています。日本企業が多数集まるデュッセルドルフまでの所要時間は二時間一二分、ドイツのビジネスの中心フランクフルトまでは三時間五六分です。このように高速鉄道でのヨーロッパ域内の移動が近年、大変便利になってきています。

強化される貨物専用線

二〇〇七年にはロッテルダムとドイツのルール地方を結ぶ貨物専用鉄道線（ベートゥベルート、Betuweroute）が新設されました。この鉄道は将来コンテナを貨車に二段重ねして輸送できる鉄道（複層貨物鉄道）に改良される予定です。これにより大幅な輸送コストの削減が期待されています。このようにオランダは、鉄道貨物輸送のインフラも引き続き強化中です。

5　強いインフラをさらに強化

魅力あるインフラは外資誘致の決め手

オランダの優れた物流インフラは、海外の物流企業をオランダに集積させる最大の要因になっています。物流企業に限らずメーカー各社もこれを評価してヨーロッパのロジスティック拠点をオランダに設置しています。私が勤務していた帝人グループが初めてオランダに進出したのも物流拠点を置くためでした。帝人グループは、一九九〇年代はじめに高機能樹脂（ポリカーボネート）の物流拠点としてオランダが最適と判断し、ドイツ国境に近いフェンロに拠点を設置しました。これが帝人グループのオランダ進出の始まりとなりました。

競争戦略の王道を行くオランダ

この章で紹介したオランダの港湾、内陸水路、空港、道路、鉄道などの物流インフラは現状でもいずれも競争力ある卓越したものです。オランダのすごさ、したたかさは、現状の優位に安住することなく、将来を長期的に見すえ、さらにその強みを格段に強化し、世界の中で競争力を圧倒的なものにしようとしていることです。自らの持つインフラの強みを踏まえ、慢心せず、立ち止まらず、長期的かつ戦略的に更に競争力を強化しようとするオランダの攻めの姿勢には舌を巻いてしまいます。

このようなオランダの国を挙げた競争力強化の取り組みから、日本が学ぶものは少なくありません。オランダは「競争戦略の王道」を実践し、成果をあげ続けているのですから……。

第2章から第7章まで、なぜオランダが「ため息が出るほど豊か」なのか、その背景を探ってきたわけですが、国民の幸福度という面ではどうなのでしょうか。次章では、オランダ人の暮らし向きや幸福度を紹介しましょう。

第8章　しあわせ先進国オランダ

オランダは多くの人が認めるように、強い経済力を背景に、暮らし向きが豊かで、開放的で柔軟で、人間的でくつろげる国です。国民の多くが幸せと感じており、子供の幸福度は世界一だとの調査結果があります。その実態を紹介していきましょう。

1　しあわせ度の高いオランダ

オランダは住みやすいというのが多くの日本人駐在員の感想です。オランダ人自身も、自由で、開放的で、人間的でくつろいだ社会だと感じています。この国は経済的に豊かなだけでなく、国民が満足感や幸福感を感じている割合が他の先進諸国に比較して高いのです。

高い幸福度

ユニセフによる先進三一ヵ国を対象にした「子供の幸福度」の国際比較（二〇一三年）では、子供の幸福度が一番高い国はオランダでした（日本は六位）（**図表8―1**）。オランダは二〇〇七年の前回調査でもトップでした。

国民の幸福度を指標化して発表している国連の「幸福度報告書（二〇一五年版）」では、オランダは一五八ヵ国中七位にランキングされています（日本は四六位）。どれだけのオランダ人が幸せに感じて

順位	国名
1	**オランダ**
2	フィンランド
3	アイスランド
4	ノルウェー
5	スウェーデン
6	日本
7	ドイツ
8	スイス
9	ルクセンブルグ
10	ベルギー
11	スロベニア
11	アイルランド
13	フランス
14	デンマーク
15	チェコ
16	スペイン
17	イギリス
18	ポーランド
18	ポルトガル
20	ハンガリー
21	オーストリア

図表8-1　ユニセフ「子ども幸福度」の国際比較（2013年）[(1)]

いるかについては、やや古いのですが二〇〇五年に行った幸福度の国際調査比較では、幸せと感じるオランダ人の比率は九三・九％（非常に幸せ四一・八％、幸せ五二・一％）でした。

国連のUNPDが発表する、幸福度と深い関係を持つ「人間開発指数ランキング（二〇一四年版）」で、オランダは一八七ヵ国中四位に評価されています（日本は一七位）。

経済成長や民主主義の度合い、生活の質などを指数化した「レガタム繁栄指数（二〇一五年版）」で

世界一幸せなオランダの子どもたち

By Coutesy of Mr. Pereboom.

犬を連れて公園でくつろぐ人

提供：日通・内山氏

は、オランダは一四七ヵ国中八位にランキングされています。

二〇〇五年に日本の参議院議員調査団が訪蘭した際に面談した産業経済局長H・J・グローネンディック氏は、調査団に対して、「ヨーロッパ全体を対象とした調査では、オランダ人の生活満足度が高い」と述べています。

以上のように、いろいろな調査結果がオランダ人の高い幸福度を裏付けています。幸福感には、文化的伝統や人々の価値観など様々な要素が影響を与えると思われますが、オランダでは強い経済力をベースとした充実した福祉政策で社会のセーフティネットが手厚く整備されているため、生活の不安が少ないことが幸福感のベースをしっかり支えているように思われます。

2　ワークシェアリングで豊かな生活

焦点をオランダの家庭の暮らし向きにあててみましょう。オランダの家庭は、その社会と同様に、ゆったりとしてゆとりが感じられます。その背景にはオランダ流のワークシェアリング（仕事の分かち合い、worksharing）があります。オランダのワークシェアリングとはどのようなものなのでしょうか？

ワークシェアリングとはパートタイマーを増やすこと

オランダは、パートタイム経済の国と言われることがあります。オランダは、ユーロ圏の中で最もパートタイム労働者の比率が高い国で、就労している女性の比率は約六〇％で、そのうちの七五％がパートタイマーです。(2)

日本のマスメディアで「オランダのワークシェアリング」が雇用創出の妙手のようなニュアンスで取り上げられることが多いのですが、実態は、パートタイム労働の普及のことであり、決して既にあるフルタイム労働を複数の労働者に分割するようなことではありません。

日本との大きな違いは、パートタイム労働者は正社員で、日本のパートタイマーよりはるかに待遇が良く地位が安定していることです。

恵まれた待遇のパートタイマー

オランダのパートタイム労働者の待遇は、日本よりはるかに恵まれています。九〇年代にパートタイム労働が増えるに伴い、その権利を強化する先進的な諸制度が整備されました。一九九六年にはパートタイムとフルタイムの待遇の差別が解消され、労働時間当たりの待遇が均等になりました。パートタイム労働者とフルタイム労働者の差別扱は禁じられ、同一労働同一賃金、すなわち同じ仕事には同じ賃金が支払われることになったのです。賃金、休暇、年金は労働時間当たり平等になり、失業保険、労災保険なども同様に適用されることになりました。オランダでは、パートタイム労働者は、フルタイム労働者に比べ労働時間が少ないだけで、正社員としての権利は保障されているのです。

二〇〇〇年には、さらに待遇が改善され、フルタイムからパートタイムへ、あるいはパートタイム

コラム　オランダがパートタイムの国になった背景

なぜオランダはパートタイム経済の国になったのでしょうか。オランダは1970年代後半から80年代前半にかけて、「オランダ病」と言われる深刻な不況に陥った時期があります。その不況に先立って、北海で天然ガス田の発見という幸運があり、国庫は大変豊かになりました。ところがこの幸運が、当時のオランダ通貨ギルダーの為替相場の高騰を招き、企業の競争力を奪います。また国庫が豊かになって福祉を手厚くし過ぎたので、国民は勤労意欲を失いました。加えて石油ショックが追い打ちをかけました。この結果、高インフレ、高失業率、高財政赤字となり、「オランダ病」と言われる不況に陥ったのです。

オランダ病を克服するため、1982年、政労使がハーグ近郊の高級住宅地ワッセナーで会議を開き、有名な「ワッセナー合意」にこぎつけました。国家経済立て直しのために、政労使の3者は、この会議で痛みを分かち合ったのです。労組は賃金抑制を受け入れました。経営側は雇用確保の努力（パートタイム制の普及、女性の参加促進、時短、早期退職制度等）を約束しました。政府は減税と財政支出抑制を約束しました。

この合意が90年代のオランダの奇跡を起こします。90年代の経済回復は、世界から「ポルダーモデル」として賞賛されました。ポルダーとは干拓地ですが、劣悪な条件の土地を干拓するときのように、当事者が徹底的に話し合い、立場の違いを乗り越えて高い目的のために合意し、成果を上げたモデルというわけです。

この合意を契機に、政労使は一致協力して、女性の労働市場への参加とパートタイム労働の拡大に努めました。もともとオランダの女性は保守的で、働く女性の比率は西欧先進国の中でも低かったのですが、このワッセナー合意を経て、女性が働く環境が整備されましたので、90年代のサービス産業の発展とあいまって、パートタイム方式での女性の職場進出が急速に進むことになったのです。

からフルタイムに移行することが労働者の権利として認められました。労働者が、パートタイムかフルタイムかを、自分で選択できることになったのです。

なおオランダでは、週三五時間未満がパートタイム、週三五時間以上がフルタイムと定義されています。

一・五人稼ぎ手モデル

女性がパートタイムで働くことが当たり前になった結果、オランダの家庭では夫がフルタイム、妻がパートタイムで家計を維持する形が一般的になっています。この形は「一・五人稼ぎ手モデル（one and a half breadwinners model）」と言われます。この一・五人稼ぎ手モデルで、オランダの家庭は生活水準の高い豊かな生活を維持しているのです。

パートタイマーの待遇改善は世界の流れ

パートタイム労働者のフルタイム並みへの待遇改善は、オランダが独自に考え出したものではなく、労働者の権利保護の国際労働機関（ＩＬＯ）が、条約で定めているものです。

ＩＬＯ条約一七五号では、パートタイマーとフルタイム労働者に同等の待遇を求めています。この条約は企業の競争力に大きな影響を与えるので、これを締結した国はまだ一一ヵ国にすぎません。主要な締結国は、オランダの他、フィンランド、イタリア、ルクセンブルグ、ポルトガル、スウェーデンなどです。このようにパートタイム労働者の待遇改善の大きな流れは世界で既に始まっています。

この条約は、かなり手厚い労働者保護政策なので弾力性のない雇用制度だと問題視する経営者もいます。弾力性のない雇用制度では、金融危機などの雇用環境の変化に素早く対応できない、国際社会での激しい企業誘致競争上の障害となりオランダの未来を脅かすなどの危機感がオランダの経営者の一部に生まれているのも事実です。

3　充実している社会保障

オランダは手厚い社会保障制度を持っています。最初の社会保障法は一八〇〇年に制定され、長い歴史の中で成熟した制度に成長してきました。第二次世界大戦前でも、オランダの先進的な福祉制度はこの国を訪れる人々の心を打ったと言います。戦後はさらに充実し、ドリース（Drees, Willem）政権時代（一九四八〜五八年）に経済が傾いたら維持できないほどの、行き過ぎた社会保障制度が作られました。続いて一九五六年に北海で豊富な天然ガスの埋蔵が確認されたので、天然ガス収益をあてにしたさらに高度な福祉制度が作られました。

順位	2013年	2014年	2015年
1	デンマーク	デンマーク	デンマーク
2	**オランダ**	オーストラリア	**オランダ**
3	オーストラリア	**オランダ**	オーストラリア
4	スイス	フィンランド	スウェーデン
5	スウェーデン	スイス	スイス

図表8-2　各国年金制度ランキング上位5ヵ国(3)

手厚すぎるオランダの社会保障制度は、二〇〇〇年代になると財政上の大きな負担として問題化し、「ハリーポッター首相の改革」で紹介したように、バルケネンデ政権以降の内閣は、これの抜本的な改革に取り組んでいます。

オランダの年金制度は世界最高水準

オーストラリアの年金調査機関によれば、調査対象国二五ヵ国中、オランダの年金制度は、給付水準や持続可能性などを総合的に評価した結果、デンマークに次いで二位でした。オランダはこの年金ランキングでは常にベスト三に入っており、二〇一一年までは三年続けてトップにランキングされていました（**図表8―2**）。オランダの公的年金（AOW）は六五歳から支給されます。公的年金に企業年金を合わせ、二五歳から六五歳まで勤務した場合には、最終給与の七〇％水準になるような設計が推奨されていますので、退職後は相当ゆとりある生活が送れるようになっています。年金基金の運用も上手くいっているようです。その状況をオランダの本は次のように紹介しています。

「いくつかの企業年金は、財政が余りに豊かなので、従業員はもはや拠出していない。いくつかの基金は、会社に積立金を返却しているほどだ。」[4]何とも羨ましい話です。ただし、最近の報道では、オランダの年金基金も二〇〇八年の金融危機とその後のユーロ危機でダメージを受け、財政は以前ほど豊かではないようです。

そのオランダでも高齢化に備え、公的年金支給開始年齢の引き上げが決定されました。現在の六五歳から、二〇二〇年までに六六歳に、二〇二五年までに六七歳に引き上げられます。公的年金支給年齢の引き上げは、高齢化が進む先進諸国共通の課題なのです。

手厚い失業保険や最低賃金

万一失業した場合の失業手当も高水準です。失業手当は、失業後二ヵ月間は従前賃金の七五％で、三ヵ月目以降は七〇％になります。失業手当の給付期間は、二〇〇五年までは最長五年間でしたが、バルケネンデ首相の改革により、これはその後三年に短縮されました。後任のルッテ首相は、さらに改革を推し進め、二〇一六年以降、段階的に支給期間を二年まで短縮させることを二〇一四年に決めました。失業手当の受給期間が今後段階的に二年まで縮小されたとしても、日本の最長三六〇日と比べると二倍の支給期間ですから、日本に比べればはるかに手厚い水準です。

オランダは、このような過剰とも言える給付期間の適正化を図る一方で、失業者が新しい職業に付くための訓練の充実や就労支援策の強化など新たな求職者活性化策を導入してセーフティネットに綻びが出ないようにしています。

最低賃金は年額ベースでは、ＯＥＣＤ諸国中ルクセンブルグに次いで高く、時給は一〇・四ドルです。日本の七・三ドルと比べると四割以上高額です（ＯＥＣＤ二〇一四年統計）。

コラム　オランダは働く能力のない人が多い？

オランダでは驚くほど多数の労働者が、「労働能力がない」と申告して社会保障の手当てで生活をしています。総労働力人口約 850 万人中、およそ 1 割に当たる約 85 万人が勤労不能保険を受給しているのです。障害の認定が極めて甘かったことから受給者が急増しました。ストレスと神経衰弱が、「労働能力がない」とされる主な要因です。この保険により、とりわけ高齢労働者の働く意欲が低下しました。高齢者は失業保険を選択するか、仮病人となって勤労不能保険を選択するかによって、65 歳で年金を受け取るまでのつなぎに利用するようになりました。これにより、「隠れた失業者」が大量に発生することになったのです。2000 年代初めには、その数が 100 万人に達しました。

この勤労不能保険は、該当者が 1 年間病欠の扱いを受けた後に、最後の給料の 70%が受給できます。勤労不能保険はオランダ独特のものでなく他の西欧諸国にもありますが、労働力に占める受給者比率がヨーロッパでオランダが最も高いのです。これは当然、財政上の大きな負担になっており、政府は「かくも多くの人々が労働能力のない国があろうか」と嘆いています。国民の間には、この福祉の悪用に対して、ますます苛立ちが広がっています。

オランダモデルの暗い側面で、大いに議論を呼んでおり、問題視されています。

悪用者が多いと問題視されている勤労不能保険の給付は、就労不能と判断された場合は平均収入の七五％で、年間四万五〇〇〇ユーロを上限として六五歳まで支給されます。この就労不能者については、認定の甘さ、その結果としての受給者の多さが社会問題になっています。詳しくは「コラム　オランダは働く能力のない人が多い？」を参照してください。

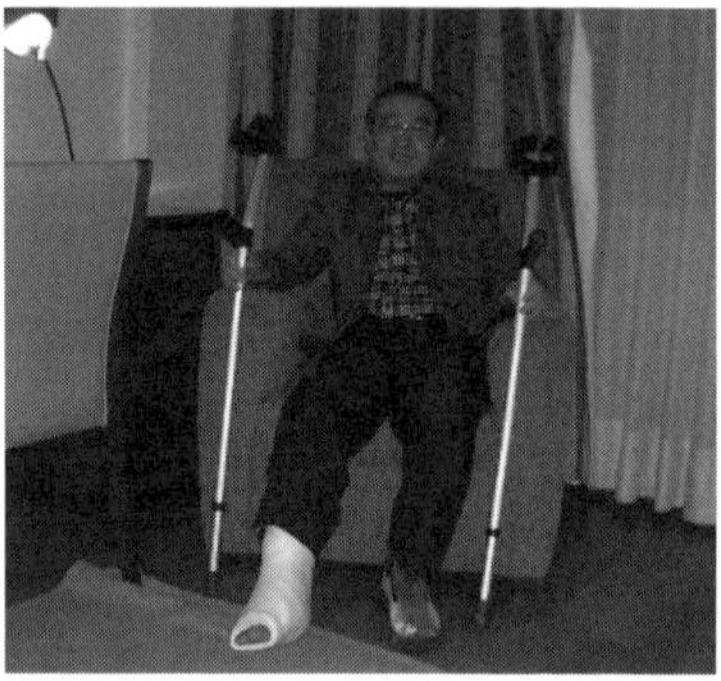

骨折して、かかりつけ医の世話になった筆者

安心できる医療制度

オランダの福祉制度は医療面でも充実しています。国民は、経済的理由のために適切な医療が受けられなくなるということはありません。オランダは、日本と同じく皆保険の国ですが、日本との違いは国民がそれぞれ「かかりつけ医」を持っていることです。慣れると「かかりつけ医」制度もなかなか便利です。風邪などの小さな病気は「かかりつけ医」で対応してくれますし、専門の医師の診断が必要な場合には、しかるべき大病院の専門医師を紹介してくれます。「かかりつけ医」とは自然と親しくなりますので、いざという時に頼りにでき、医療面では大変安心でした。実際、私が骨折した時に、「かかりつけ医」が大学病院に電話で取り次いでくれ、その連携がよかったために大変助かった経験があります。

人口当たりの医師数は、オランダは日本のほぼ一・五倍で、医師数も十分足りています。そのせいか開業医がお金持ちという印象は全くありませんでした。日本のように、薬漬け、検査漬けもありません。風邪程度の病気では薬も出してくれません。いわゆる医薬分業が進んでいて、薬は薬局店でもらいますが、薬はジェネリック品（後発薬品）が普及しています。それも一因でしょう、医療費は日本より割安に感じました。

オランダでは、自宅で出産するケースが少なくありません。約三割が自宅で分娩し、仮に入院しても一日程度です。出産の扱いの日本との違いに驚かされます。

高福祉には高負担が伴う

オランダの手厚い福祉は、他でもないその国民が負担しています。我々が稼いだお金を「税金」や「社会保険料」という形でどれくらいの割合で払っているかを示すのが「国民負担率」ですが、オランダは、その率が四九％（二〇一三年）です。高い負担にもかかわらず、彼らが不平、不満を言わずにこれを払っているのは、満足できる福祉水準が保証されるからであり、それを運用するクリーンな政治への信頼があるからです（**図表8―3**）。

高福祉国家であることを誇りにしてきたオランダですが、転換期を迎えています。ユーロ圏の財政規律を遵守しつつ、これからの高齢化社会に対応しな

国名	負担率（%）
デンマーク	68.4
フランス	67.6
フィンランド	64.3
スウェーデン	55.7
ドイツ	52.6
オランダ	**49.3**
イギリス	46.5
日本	41.6
アメリカ	32.5

図表 8-3　主要国の国民負担率[5]（2013 年）

コラム　うらやましい政労使の協調

ある日「向こう２年間、賃金引き上げの見送りに政労使が合意」とのニュースに驚かされました。オランダが経済不振に苦しんでいた 2003 年のことです。全ての労働者の賃金凍結を国家レベルで合意するなどということは、日本では考えられません。オランダは、利害関係者が徹底的に話し合うという伝統があり、この時も深刻な経済不振に直面した政労使の３者が議論を尽くし、これを脱するために賃金凍結はやむを得ないとの合意に達したのです。特に労組が国家経済のために痛みの伴う譲歩をしたのです。国を挙げて経済競争力の強化に取り組むオランダならではの合意だと感心させられました。

賃金の問題に限らず、オランダでは政労使の３者が国家的見地に立って社会経済政策の合意を形成するための体制が整備されています。その代表的なものに「社会経済評議会」（Socio and Economic Council）があります。これは政府の社会経済政策に関する最高の諮問機関で、政労使の各 11 名の委員から構成されています。社会経済評議会は労働分野のみならず、社会保障・医療はもちろん、環境政策や国土計画までをも含む、文字通りの社会政策全般に及ぶ答申活動を行っています。社会経済評議会は大変うまく機能しており、そのほとんどの答申が政策に影響を及ぼすほど大きな役割を果たしています。

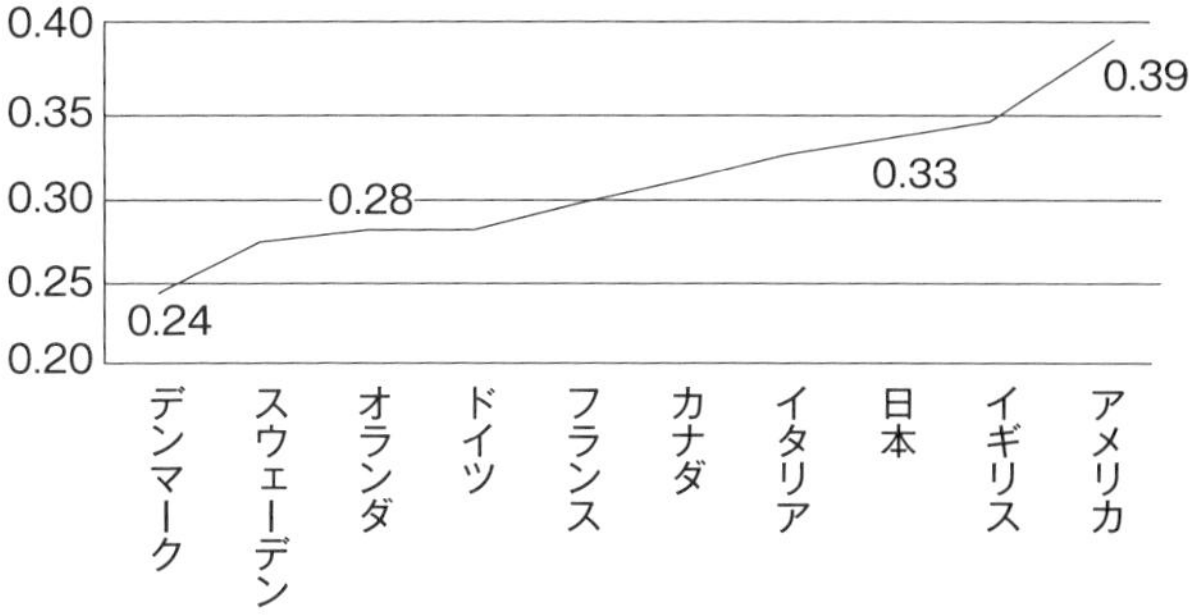

図表 8-4　主要国の所得格差比較（ジニ係数 0 は完全平等、1 は完全不平等を表す）（2012 年）[6]

ければならないという状況の中で、大きな方針転換に国をあげて取り組み出しました。アレキサンダー国王は、二〇一三年に新国王の座に就きましたが、新国王にとって最初となるその年の施政方針演説で、「伝統的福祉国家は、ゆっくりと、しかし確実に参加社会へと変容しつつある。働く能力のある人は、自分の生活のために働いて欲しい。」と国民に対して歴史的なスピーチを行いました。オランダはゆっくりと、着実に過剰とも評された高福祉社会から持続可能な福祉社会に舵を切りつつあるのです。

生活の不安の少ないくつろげる社会

多くの国で所得格差の拡大が社会問題になっていますが、オランダは貧富の差が小さい国です。ＯＥＣＤが所得格差の大きさを示すジニ係数（小さいほど格差が少ない）を三五ヵ国について調査した結果では、オランダは〇・二八で、ジニ係数が最も低いデンマーク、スウェーデンなどの北欧諸国に次いで所得格差が小さいグループに入っています（**図表８—４**）。このように所得格差の少ない社会であることもオランダが住みやすい国の一因です。

一・五人稼ぎ手モデルで豊かな生活を維持し、万一の場合にはセーフティネットが整備されています。老後も、定年退職時給与の七〇％水準がモデルとされる手厚い年金制度のおかげで、経済的心配はありません。医療制度も整備されています。オランダは生活の不安の少ない国です。

子どもが自立した後は別れて住み、自分のライフスタイルを保ちつつ自律的な生活をするのがオランダ流です。親が一八歳以上の子供と同居している割合の国際比較調査[7]では、オランダの同居率が最も低いのです。

耐えがたい病になった場合には、尊厳を持って死を迎えることができるように安楽死（尊厳死ともいう）も認められています。

日本でよく話題になる自殺率は、オランダは西欧先進国の中では低く日本の半分以下です[8]（一〇万人中一〇人。日本は二三・一人）。

オランダは、多くの人が認めるように、寛容で、自由で、開放的な伝統を持ち、人間的でくつろげる国です。そのようなお国柄に、経済的な豊かさ、充実した福祉によるセーフティネットが相俟って国民の「しあわせ度」を高めているように思われます。

次の章では、日本とオランダの関係について、日本では意外に知られていない両国間の不幸な過去の問題も含めて紹介することにしましょう。

第9章　日本とオランダ

日本とオランダ両国間の国民感情も経済関係も今はとても良い関係にあります。二〇〇〇年には日蘭友好四〇〇周年記念行事（二〇〇〇年）が両国間で盛大に行われ、天皇皇后両陛下がオランダを御訪問されました。両陛下のお人柄は多くのオランダ人に感銘を与え、オランダ人の対日感情はこれ以降、格段に良くなったと言われています。二〇〇九年には、日蘭通商四〇〇周年記念行事が両国で行われました。二〇一四年には、アレキサンダー国王とマキシマ王妃が、欧州以外では初めてとなる外遊先として日本を選ばれ訪日されました。両陛下は公式な晩餐会に加え私的な昼食会を持たれるなど日本は異例の厚遇でオランダ国王夫妻をお迎えしました。このように良好な関係にある両国の間にも、多くの日本人には知られていませんが、過去の一時期には暗い歴史がありました。この章ではそのことも含めて日蘭関係の現状について紹介することにしましょう。

1　関係が深い日本とオランダ

経済では驚くほど深いつながり

日本の対外直接投資残高を国別にみると、一位アメリカ（三三・三％）、二位中国（八・六％）に続いてオランダは三位（八・三％）です。EU諸国の中で、日本が最も投資している国は、英独仏といった大国ではなく、小国オランダなのです。前に述べたオランダの外資誘致策が効果を上げていることが、この結果からもよく分かります。

反対に日本に対する外資の残高、つまり直接対内投資残高を国別にみるとオランダはアメリカ（二八・一％）に次ぎ第二位（一五・二％）です。EU諸国の中で日本に最も投資している国は、英独仏といった大国ではなく、小国オランダです。「日本からの投資先」としても、「日本への投資国」としても、オランダはいずれでもEU諸国の中で最大なのです（二〇一五年末）。「直接投資」の分野では、一般の想定をはるかに超えて、両国は「双方向」で大きなウエイトを持っているのです。[1]

このような深い経済的関係を反映して、オランダに進出している日系企業は数多く、その数は四〇〇社近くに達します。[2]現地の日本企業で作る在蘭日本商工会議所（JCC）のメンバー企業の数は約三五〇社に達し、その会員企業の数はヨーロッパではドイツに次いで二番目の多さになっています。

日本から見えるのは「のどかな国オランダ」

近代の日本が、オランダから多くの恩恵を受けていることを我々は歴史を学んでよく知っています。幕末に来日して長崎に鳴滝塾を開き、治療と教育を行ったシーボルトの名は歴史を学んだ日本人ならだれにでもおなじみです。オランダは江戸時代の鎖国期を通じ、西欧近代文明の情報を日本にもたらす唯一の窓口であり、新しい知識を求める日本人は蘭学として彼らのもたらす知識を必死で学び受け入れました。慶応大学の創設者で偉大な啓蒙思想家の福沢諭吉も最初は蘭学を学びました。蘭学が幕末から明治維新への橋渡し役の一つとなったことはよく知られている通りです。このような歴史を通じて、われわれはオランダに何となく親近感を持っています。また現在のオランダには、風車とチューリップの、のどかな平和な国、との良いイメージを持っています。

日本人がオランダに対して、特別な好ましい印象を持っているためでしょう、長崎にはオランダの地を再現した巨大なテーマパーク「ハウステンボス」が作られました。江戸時代の二国間の交流の歴史と現在の好ましい国のイメージが相俟って、われわれ日本人は一般的に、オランダに対して親近感や好意的な印象を持っていると言ってよいでしょう。

オランダ側は、日蘭関係についてどのような印象を持っているのでしょうか。オランダで気付かされたことは、オランダ人のほとんどだれもがシーボルトを知らないことです。世界を相手にしていた彼らにとって、日本に駐在していたドイツ人医師（シーボルトはドイツ人でした）など当時からどうでもよかったのではないかと思われます。現に、日蘭友好四〇〇周年を記念して、シーボルトが持ち帰った日本地図をはじめとする貴重な収集品を展示するためライデン市にあるシーボルトが住んだ建物を博物館（シーボルトハウス）にするプロジェクトが推進され、二〇〇五年にオープンしましたが、普段は日本人以外ほとんど関心を持っていません。

オランダを再現した長崎のテーマパーク、ハウステンボス

ライデンにあるシーボルトハウス（シーボルトが日本で収集した収集品を展示。日蘭友好 400 周年を記念し 2005 年に開設。）

「オランダに対する日本人の親近感や好意的印象は、日本人の片思いではないのか?」との思いが胸をよぎりました。オランダ人は、日本のことをどのようにとらえているのでしょうか?

オランダ人が忘れていない「加害国、日本」

オランダ駐在中に、当時の小池大使から一部の反日感情を持つオランダ人の存在を初めてお聞きした時は、親密な歴史や経済関係を通じて、彼らが当然、親日的だと思い込んでいただけに、大変衝撃を受けました。太平洋戦争のオランダ人犠牲者の団体が、今でも日本政府に補償を要求して、毎月第二火曜日に、ハーグにある日本大使館にデモを行っているというのです。日本では一度もオランダでそのようなことが起きているというニュースを聞いたことも見たこともありませんでした。読者のほとんどの方もそのようなデモが今も行われていることはご存じないと思います。その後、何度か日本大使館の方々からその背景を詳しく聞くことができ、一筋縄ではいかない「暗い歴史の問題」がオランダとの間にも根深く存在していることが分かりました。

太平洋戦争で、日本はオランダの植民地だったインドネシアを占領し、一三万人ものオランダ人を捕虜にして収容所に入れました。その内訳は、軍人が四万人、幼い子供や婦女を含む民間人が九万人で、劣悪な環境の収容所で二万二〇〇〇人が死亡したと言われています。日本軍により、収容所のオランダ人が受けた精神的、肉体的苦痛と傷害は想像を絶するものがあったようです。

大使館の書記官の話では、その捕虜の数と死亡者数が当時のオランダの人口に占める割合は、ソ連軍による日本人シベリア抑留者数及びその死者数が当時の日本の人口に占める割合を上回るとのことです。シベリア抑留は日本にとって癒しがたい傷を残しましたが、それ以上に、日本軍による抑留はオランダに大きな傷を残したのです。

両国民の間にある認識のギャップ

オランダでは、日本軍による蘭領インドネシアの占領、捕虜虐待・強制収容所問題を詳しく教科書で教えているので、みんなよく知っていますが、一般の日本人はこの問題を学ぶ機会がなく、知らないのが実情です。

せめてオランダに駐在している日本人、あるいはこれからオランダに赴任しようとする日本人には、オランダを理解する一助として、オランダ人が忘れることができない両国間の暗い歴史の一幕をしっかりと認識して欲しいものです。

前駐オランダ肥塚大使もＪＣＣの機関紙「かわら版」で次のように述べておられます。「先の大戦で何らかの犠牲となったオランダ人は数多く、いまでもこのような人たちは心に傷を負い、日本に対して複雑な気持ちを持っています。この人たちの存在を忘れるわけにはいきません。」

大部分のオランダ人は、日本人に対して友好的です。しかし、何かのきっかけでオランダの一部の人々が長年抑えてきた反日感情が噴き出すことが過去には何度かありました。

一九七一年に昭和天皇・皇后両陛下がオランダをご訪問された際には、日本軍の捕虜だったタレントのヴィム・カーンがテレビで激しく反日感情を煽り、大部分の新聞が反日に偏り、大変激しい抗議デモが行われ、両陛下のお車にコーラの瓶や生卵が投げつけられ、アムステルダムのホテルオークラの前では日の丸の国旗が焼かれました。

一九八八年に昭和天皇が病床に伏されて崩御されるまでの四ヵ月間、オランダ国内には昭和天皇の戦争責任を攻め立てる嵐が吹き荒れ、反日感情が一気に噴き出しました。マスメディアはこれでもか、これでもかと言わんばかりに日本批判を流し続けました。

一九九一年にオランダを訪問した海部首相がハーグにある旧蘭インドネシア記念碑に、日本政府を代表して初めて献花したのですが、その花輪は夕刻には無残にも池に投げ捨てられていました。

二〇〇九年、オランダのバルケネンデ首相が来日した際、忙しいスケジュールの合間を縫って、横浜の保土ヶ谷遊園地公園内にある「英連邦戦没者墓地」を訪ねました。ここには、戦争中に捕虜になり強制労働のために日本に連行され亡くなった英連邦の犠牲者が主に埋葬されていますが、植民地インドネシアから連行され亡くなった二一名のオランダ人犠牲者も納骨されていますので、バルケネンデ首相はわざわざ哀悼の意を表すために大変忙しいスケジュールの時間を割いてここを訪れたのです。そのことを知り、翌日、私もその墓地を訪ねて見ましたが、納骨堂にはバルケネンデ首相が捧げた花輪が献花されているのを確認することができました。日本軍によるオランダ人戦争犠牲者の問題は、オランダ政府にとってはそれほど重いものがあるということです。私の知る限り、バルケネンデ首相の「英連邦戦没者墓地」訪問については、日本のどのメディアでも取り上げることはなく、両国間の認識のギャップを見せつけられる思いでした。

英連邦戦没者墓地（横浜）

バルケネンデ首相の献花（納骨堂）

最近の対日感情

現在の日蘭関係は、二〇一四年にアレキサンダー国王が欧州以外の初の外遊先として日本を選ばれたことに象徴されるように大変良好です。両国の現在の良好な関係に大きな役割を果たしたのが、二〇〇〇年に行われた日蘭四〇〇周年記念行事でした。この年はオランダ船リーフデ号が日本に漂着した一六〇〇年から四〇〇年目に当たる年だったのです。

特に、日蘭四〇〇周年に合わせた天皇・皇后両陛下のオランダご訪問がこれ以上考えられないぐらい成功裏に行われ、両陛下のお人柄や公式晩餐会でのお言葉は、戦争被害者を含めたオランダ国民の胸を打ちました。

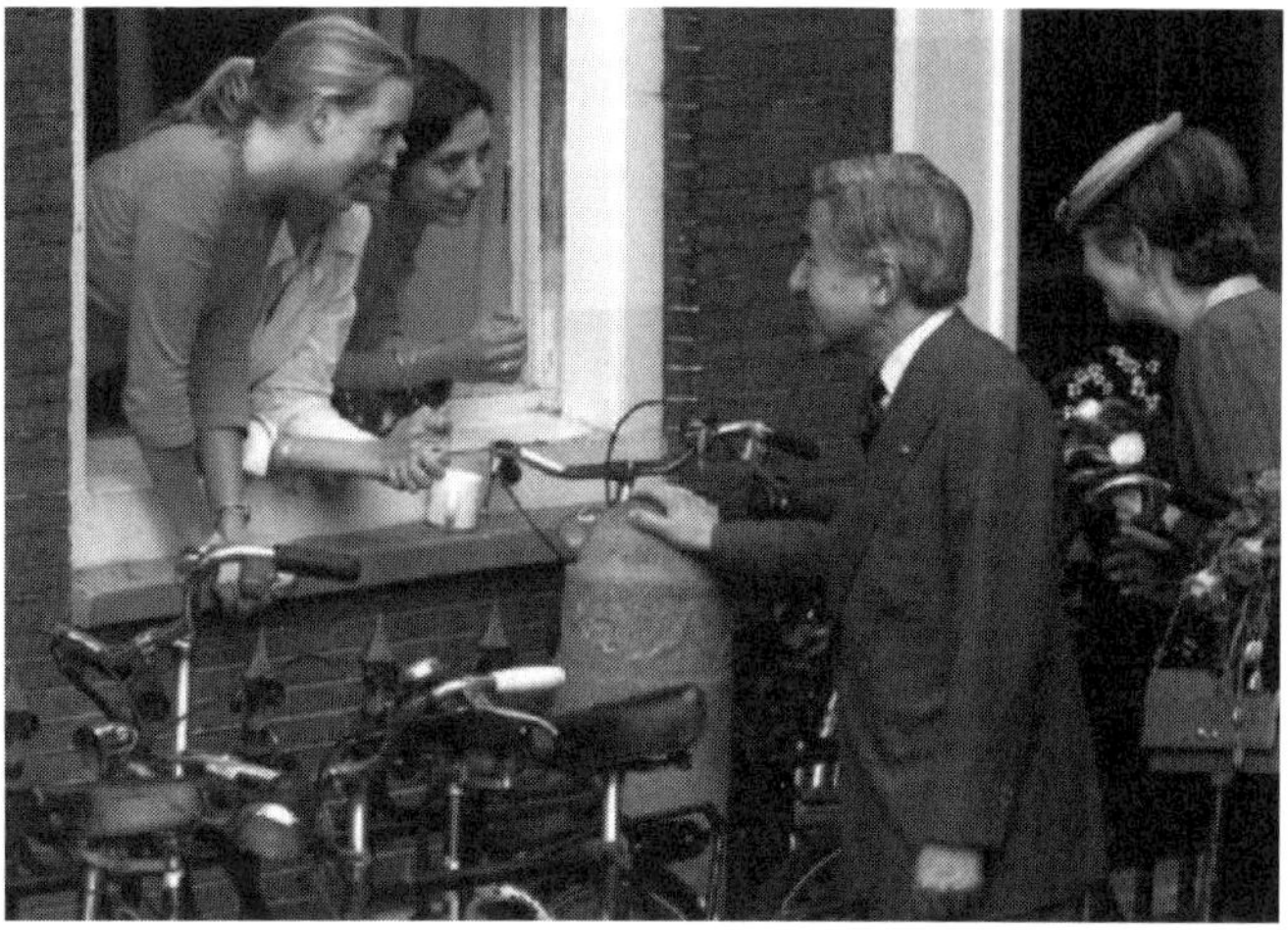

オランダ国民に深い感銘を与えた両陛下のオランダ御訪問
在欄 JCC の好意により「かわら版」より転載

ライデン市を御訪問した際の大学の学生と親しくお話になる天皇・皇后両陛下のお写真は、その温かいくつろいだ雰囲気を実によく捉えており、オランダでは「世紀の写真」と言われているほどです。この天皇・皇后両陛下のご訪問が、オランダ人の対日感情を大きく変える契機になったのです。

日蘭四〇〇周年に合わせて、日蘭双方で七五〇の記念行事が行われましたが、オランダのマスコミはこれらを

コラム　オランダにもある暗い歴史

オランダにも、触れてほしくないそっとしておきたい暗い歴史があります。代表的なものを二つ紹介しましょう。

一つめは過酷な植民地支配です。オランダは植民地だったインドネシアから容赦なく富を絞り取った歴史を持っています。1840～50年代には、国庫歳入の実に30～50%が植民地インドネシアからの収入でした。このことはいかに当時の植民地支配が過酷なものだったかを如実に物語っています。オランダは19世紀に産業革命で経済基盤を強化し、近代化を推進しましたが、その資金はインドネシア人の汗と血に負うところが多いと言って過言ではありません。その植民地から絞り取った収益が余りに潤沢だったので、周辺国からは羨望のまなざしで見られていたほどです。

二つ目は戦争中のユダヤ人犠牲者が多かったことです。第二次世界大戦では、オランダはドイツに占領されますが、『アンネの日記』で有名になったように、オランダからもたくさんのユダヤ人がナチスの収容所に送られました。当時オランダにいたユダヤ人13万人のうち、実に10万人が収容所に送られ、犠牲になりました。アンネもその一人です。この犠牲者の比率は、ヨーロッパの中でも注目されるほど高いもので、占領下のオランダ市民の積極的協力なくしてはあり得ないと言われています。オランダ人はこのことを大変恥じており、2005年、開放60周年記念の年に、オランダ中の鉄道の駅に次のような趣旨のポスターが張られ、注目を集めました。

「アウシュビッツ行きの列車はこの駅から出発した。このことを大変反省している。」

被害者だったことを強調するだけでなく、自ら加害者だったと認めることは、大変勇気のいる行為ですが、オランダでこのポスターを目にして、さすがは大人の国だと感心させられました。加害国としての側面を持つ日本も、こうしたオランダの態度から学ぶべきことがあるのではないでしょうか。

ユダヤ人犠牲者の象徴、アンネの家

頻繁に取り上げ好意的に報道してくれましたので、そのこともオランダ人の対日感情の改善に大いに役立ったと評価されています。

加害者だったことを忘れないドイツ

　第二次大戦でドイツが降伏してから六〇周年目の記念日に当たる二〇〇五年五月八日、旅行でベルリンにいましたが、観光スポットとして世界中の人が集まるブランデンブルグ門の近くで目撃したものに強い印象を受けました。それはナチス軍によるユダヤ人犠牲者を追悼するために新しく作られたもので、たくさんの長方形の記念碑からなり、人目に付きやすいようにしてありました。このユダヤ人記念碑は、敗戦六〇周年を契機に「ドイツは第二次世界大戦で加害者だったことを忘れていない、これからも永久に忘れない」と内外に改めて誓うドイツ国民のメッセージのように感じました。ドイツ人は加害者であったことを忘れないように意識的に努力していることが、記念碑を見る側に伝わってきました。

　あるオランダ人戦争犠牲者は「……受けた苦しみは誇張し、自分が与えた苦しみは否定、ないしは軽く見せようとするものだ……」と述べています。[3] 日本は先の戦争で本土への空襲、原爆投下等で忘れることのできない甚大な被害を受けました。その被害は、毎年忘れることなく日本国内で語り継がれています。

一方で日本は、中国や東南アジア諸国を侵略しオランダ人抑留問題を含め他国民に多大な被害を与えたことも事実です。二〇〇五年にドイツで新しく作られたユダヤ人犠牲者の記念碑を目の当たりにして、日本が加害者だった事実を今の日本人は軽く見過ごそうとしているのではないか、国際社会で尊敬される国になるために、このままでいいのだろうか、と考え込まずにはおれませんでした……。

今後の日蘭関係はどうなる

私は二〇〇五年にＪＣＣ会頭に就任して以降、当時の小町大使をはじめ大使館の方々に頻繁に接するようになりましたが、大使館の皆さんが両国の関係を良好に保つために日夜大変な努力をしていることを知り、強い印象を受けました。大使館の皆さんは日ごろから、オランダの事情をよく調査研究しており、有事に備え、オランダ政府の枢要な人たちと幅広くコンタクトして相互理解を深め、信頼のネットワークを築くため人知れぬ努力を続けているのです。この情報の質と人的ネットワークが有事にものを言います。私のＪＣＣ会頭としての狭い経験でも、ＪＣＣが困った問題を抱えた時に、日本大使館が築いてくれたオランダ財務省や経済省関係の人的ネットワークに助けてもらったことが何度かあります。中でも最も印象深いのは、二〇〇六年に法人税の減税問題でオランダ財務省のワイン副大臣と直接交渉できたことです。ワイン副大臣のような高官と直接交渉ができたのも、問題が起きる以前に、当時の小町大使に前もって大使館でワイン副大臣に引き合わせていただき、面識ができていたからに他なりません。

ＪＣＣ会頭として本当に頭が下がったのは、歴代の日本大使が、多忙な中、月に一回アムステルダムで夕刻から開催されるＪＣＣ理事会にハーグからほぼ毎回欠かさず参加し、日本人社会の動向とニーズをできるだけ把握しようと努めていたことです。おかげでＪＣＣと大使館との情報の共有が普

大使公邸での日蘭要人のパーティー
By courtesy of Mr. Pereboom.

ハーグの日本大使公邸
By courtesy of Mr. Pereboom.

段から図られ、両者の連携がとても円滑にできましたので何かにつけて大変助かりました。オランダのＪＣＣは、企業の集まりの会として機能しただけではなく、在蘭日本人会の役割も担っていたため、日本人社会の教育問題、医療問題から親睦行事に至るまであらゆる課題に取り組まざるを得ませんでしたが、親身に相談に乗っていただける大使館の存在は大変心強いものでした。

オランダ駐在員も含め一般の日本人は、つい今の友好的な日蘭関係を当たり前に感じてしまいますが、今日の日蘭関係は、歴代の在蘭日本大使館の方々の並々ならない努力によるところが多いとオランダでＪＣＣの会頭を経験し、初めて痛感させられました。ＪＣＣ創立三〇周年の二〇〇六年に、過去三〇年の現地の歴史をひも解いてみて、厳しい対日感情を今日の親日感情に変えて来られた先人たちの地道な苦労を知り、頭の下がる思いを禁じえませんでした。

在蘭日本大使館は「日々心して日蘭関係という美しい花の育成に更に丹精を凝らす（小町大使、かわら版一九一号）」との姿勢で取り組んでいますので、これからの日蘭関係にはますます美しい花が咲き続けることでしょう。

徳川幕府がオランダに日本との貿易を許可するご朱印状を渡してから四〇〇年目に当たる二〇〇九年には、佐渡ガ嶽部屋のオランダ興行を含めて日蘭通商四〇〇周年記念行事が両国で数多く行われました。このときもオランダ人の日本への親近感は一層強まったと聞いています。

2　オランダの日系企業

日本企業はなぜオランダに進出するのか

先にも触れたように、オランダには四〇〇社以上の日系企業が進出しており、ＪＣＣの会員企業数は、ヨーロッパではドイツに次ぐ規模ですが、なぜこんなに多くの日系企業が小国のオランダに進出するのでしょうか。

多くの企業がオランダを選ぶ主な理由を調べてみると、およそ次のような要因に集約されます。

①有利な立地――欧州の中心に位置し、欧州の物流の玄関口として最適。
②卓越したインフラ――世界トップレベルの物流機能。ＩＴ、法律、会計事務所も一流。
③外資優遇策の充実――外資に有利で分かりやすい税制。投資インセンティブ制度。
④労働の質――教育程度が高く、ストライキがほとんどない。
⑤言語――英語が通用する。多言語が使える人材が豊富にいる。
⑥生活環境――社会的、政治的、経済的に安定しており、生活環境が良好。
⑦水資源――大量の良質な水は一部企業に不可欠。（キッコーマン、ヤクルトなど）

オランダを進出先として選ぶ理由を、毎年ＪＣＣが会員企業にアンケートで調査していますが、私が会頭をしていた二〇〇五年当時から今日にいたるまで、進出理由としては上記と同じ内容が確認されています。

業種	企業名
製造	化学・食品：帝人、ヤクルト、ニチレイ、キッコーマン 機械・自動車：デンソー、日立建機、ヤマハ発動機、トヨタ 重機：ＪＭＵ 精密・電機：ニコン、オムロン、富士フィルム、京セラ
金融	三菱東京 UFJ、みずほ
物流	日本通運、商船三井、日本郵船
商社	三井物産、三菱商事
サービス	ホテルオークラ、トーマツ、E&Y、PwC、KPMG、NTT CM、JTB、ジェトロ

図表 9-1　JCC 理事企業名（2015 年 1 月）

どんな日系企業が進出しているのか

オランダに日系企業が四〇〇社以上も進出しているということは、ほぼあらゆる業種の企業が進出しているということですが、進出形態を見るとそこにはオランダらしい特徴があります。それは、オランダのヨーロッパへの玄関口としての立地とその卓越した物流インフラを反映して、セールスや物流の機能を置く企業が多いことです。またオランダ政府が積極的に誘致を進めている欧州統括会社（ヨーロッパに展開する傘下の企業群を指揮、統括する会社）が多いのもオランダの特徴です。オランダに進出している日系企業のイメージを具体的に思い浮かべてもらうために、ＪＣＣの理事に就任している二八社の企業名を**図表9―1**に示しました。

理事会社ではありませんが、パナソニックとＨＯＹＡがグローバリゼーションに対応して、世界の財務拠点をオランダに設立するという非常に先進的な動きをしています。パナソニックは約六〇〇社のグループ企業の資

コラム　在蘭日本商工会議所の活動

充実した活動をしている４つの部会の主な役割。

①投資事業環境部会

会員企業の抱える問題点の把握と、中央政府、地方政府へのロビー活動。投資関係のセミナーの定期開催など。

②教育部会

日本人学校２校、補習校４校の支援。

③文化広報部会

日蘭の文化交流支援（日本語弁論大会、さくら祭など）。機関紙「かわら版」の発行（隔月）など。

④生活厚生部会

生活環境改善（医療環境の改善、セミナーなど）。スポーツ大会の開催（ソフト、バレー、サッカー、ゴルフなど）。

隔月発行されているカラー製本の機関紙「かわら版」は、2015年末で254号になります。オランダの日本商工会議所の充実した活動内容を毎号紹介しています。

金・為替・対内決済を集中管理するシステムを二〇〇六年に立ち上げ、相当なコストダウン効果を上げているようです。HOYAは二〇〇三年から最高財務責任者（CFO）をオランダに常駐させ、グループ財務全体の指揮をオランダから取っています。このような大胆なグローバリゼーションに対する先端的な対応は、さすがに日本を代表する企業だと感心させられます。

このような優良日本企業の財務機能を引き付けてやまないオランダの企業誘致戦略を見るにつけ、日本政府には、企業が日本から逃げ出さないように、さらに外国の企業が日本での立地に魅力を感じるように、競争力ある制度やインフラを是非整えてほしいと願わずにはおれません。

オランダは、それを現に実行しており、日本が学ぶべきモデルは既にあるのです。

大きな役割を果たす在蘭日本商工会議所

隔月発行されているカラー製本の機関紙「かわら版」

JCC や多くの日系企業が入居する WTC（ワールド・トレード・センター）ビル
提供：WTC

は、二〇一五年末で二五四号になります。オランダの日本商工会議所の充実した活動内容を毎号紹介しています。

オランダの日本人社会で、大変重要なキーとなる役割を担っているのが、これまでに何度も登場してきた在蘭日本商工会議所（JCC）です。オランダのJCCは、ヨーロッパの英独仏などにある日本商工会議所に比べて、求心力ある強力な活動を展開していました。その理由は、①他の国では、商工会議所、日本人会、日本人学校が別々な組織になっているケースが多いのですが、オランダではこの三つの機能がJCCに一元化され強力なリーダーシップが発揮できる、②日系企業がJCCのあるアムステルダムとその一時間圏内のロッテルダムに集中的に立地しているため会員企業がまとまり易い、③日本大使館がアムステルダムから近いので普段から緊密な連携がとれる、といった理由のためです。

JCC内部には「投資事業環境部会」、「教育部会」、「文化広報部会」、「生活厚生部会」が設置され、毎月の理事会で、幅広い分野について、問題点の把握、意思疎通、意思決定が大変効果的に行われています。毎月の理事会には、前に紹介したように、大使、公使、書記官がオブザーバー参加され、大使館とJCCとの緊密な情報交換と連携が常に図られるようになっていますので、日本人社会に関する重要なことはほとんどが商工会議所の理事会で決まると言って過言ではありません。

イギリス、ドイツ、フランス、イタリアの日本商工会議所の方々と情報交換する機会がありましたが、商工会議所、日本人会、日本人学校の三機能が一元化されているのはオランダだけで、オランダのJCCの役割が他国に比べ突出して大きいことを改めて再認識したものです。

ベテラン女性事務局員の長田さんが取り仕切るJCC事務局は大変オープンで、現地情報を豊富に持っており大変頼りになります。私もオランダ赴任当初、右も左もわからないときに、採用の件や事務所移転の件でＪＣＣ事務局の長田さんから的確なアドバイスをもらい、大変助かりました。

日系企業を悩ませる労働慣習

オランダの良いところばかり見てきましたが、そんなオランダでも、いろいろな問題を抱えているのも事実です。日系企業を悩ませている問題を紹介しましょう。日系企業の幹部の頭痛の種は、労働問題です。ＪＣＣでは、会員の日系企業の問題を把握し、ＪＣＣとして対応を検討するために毎年アンケート調査をしています。私がＪＣＣの役員をしていた当時の調査結果では、日系企業が最も頭を痛めていたのは、労働問題でした。日系企業のトップを悩ませていた労働問題とは、「病欠率の高さ」、「解雇の難しさ」、「高額な解雇手当」の三つでした。

高い病欠率

オランダでは、体調が悪くて会社を欠勤する場合には、年間に通常二五日ある年次有給休暇（年休）と別に、有給で「病欠休暇（病欠）」が取れます。風邪で欠勤する場合は、年休ではなく病欠が有給で取れるのです。病気のために、年休を使うことはありません。風邪を引いたら年休で休む日本とは大きく違います。労働者に大変手厚い制度になっています。

病欠は労働者が医師に報告するだけの簡単な手続きなので、労働者が安易に病欠を取得するという事態を生み出し、日系企業の経営者を悩ませています。病欠率は、全国平均で私の駐在当時は五％でした。日系企業の中には一〇％という会社もありました。会社は、病欠を見込んで従業員の数を増やさざるを得ないのでその分、労務費コストが高くつきます。簡単に病欠が取れるので、これに悪乗り

コラム　休暇は人生の最大の楽しみ

オランダ人にとって年休は、「楽しい休暇、バカンスのため」のものです。彼らにとって休暇は、人生の最大の楽しみの一つで、仕事より優先します。日本ではちょっと考えられませんが、社長自身があらかじめ計画した休暇と、後から決まった経営会議の日程が重なってしまった場合、社長といえども迷うことなく休暇を優先します。周囲もそれを当然と受け止めます。たっぷりの休暇に加え、通常１ヵ月分の休暇手当まで支給されます。その休暇手当は年金受給者にまで支給されています。道路やリゾート地が大混雑しないように、国は３ゾーンに分割され、それぞれのゾーンが異なる休暇の期間を持つように工夫されています。それほどオランダ人にとって休暇は特別な重要性があるのです。

それだけに、日本人マネジャーを呆れさせるような事態もたまに起きます。その一例ですが、オランダ人従業員から「長い休暇中に２日間風邪を引いて休養したので、その２日間は病欠扱いにして、休暇日数に数えないでほしい」と申告されたという嘘のような本当の話があったりします。

また、オランダ人は旅行が大好きです。いろんな場所に行きたがり、世界中が彼らの旅行の目的地になります。オランダ人らしいのは、旅行をできるだけ安く上げようと競い合い、旅行から帰ると、お互いに安さを自慢しあいます。2000年の調査では、オランダ人は休暇あたり他のヨーロッパ人の半分の金しか使いませんでした。勤倹節約を旨とする国民らしいですが、これが外国人にとっては「ケチ」と見えるのはやむを得ないでしょう。

するケースも少なくないようです。ユーロカップのようなサッカーの大試合当日に、テレビを見るためでしょう、病欠者が三万人ほど増えたとの報告があったほどです。仮病による病欠でオランダ企業は年間三〇億ユーロの損失を被っているとの報告もあります（二〇一〇年保険会社ＡＯＮ社による調査）。

病欠率の高さだけは、ＪＣＣからオランダ政府に訴えてもあまり真面目に聞いてくれませんでした。納得しかねていたのですが、ある時オランダの高官が言った一言で、オランダ政府がこの問題をどう考えているかが分かりました。ＪＣＣからの病欠率改善要求に対して、彼は「オランダの労働者の生産性は高いから」と発言したのです。確かにオランダ全体で見れば、五％程度の病欠率があっても、労働生産性は十分に高いのです。彼らにとって、当時はまだ許せる範囲だったのです。しかしその後の政府の改革政策に伴い、病欠率は約四％にまで下がってきています。

難しい解雇

オランダでは、会社の業績不振や本人の能力不足等による解雇は大変困難です。オランダ労働法は、会社側が従業員の雇用を恣意的に脅かさないよう過剰なほど彼らを保護しています。解雇しようと思えば、煩雑な手続きと裁判を覚悟しなければなりません。労働者側も解雇について法廷で争わないと、本人に落ち度があるのを認めたと見なされ、失業手当の権利を失ってしまいます。このためオランダの労働者はどんな小さな労働紛争でも、法廷で争うことを厭いません。こうした慣習があるため日系企業の経営者が一番頭を痛めるのが、現地での労働問題です。経営者にとっては、後ろ向きの問題なうえに、この種の問題は対応に大変時間がかかります。しかも判決によっては、何億円、何十億円という慰謝料を払わなければならなくなります。そのような手痛い目にあった日系企業が現にありました。

コラム　行きはよいよい、帰りはこわい

オランダに企業進出する際に、外国企業誘致局（NFIA）をはじめオランダ政府は手厚い支援をしてくれますが、撤収する場合には、それは期待できません。それだけに、企業進出を決める際に、「万一撤収する場合には、どのようなリスクがあるか」、事前に十分見極めておくことが欠かせません。そのことを、オランダで高額な解雇手当の支払いを余儀なくされた、日系企業を見て痛感しました。

一定規模以上の日系企業で、信頼できるオランダ人の人事マネジャーを雇っている会社は、おおむね人事・労務問題を円滑にこなしています。少人数で初めてオランダに進出する場合には、採用ミスでもしたら、あとあと大変なことになりますので、特に慎重な対応が必要になります。幸いオランダにはしっかりした日本商工会議所（JCC）がありますから、先ずここで過去の事例を含めよく情報を確かめ、しかるべき人材会社を紹介してもらうのが賢明です。

手厚すぎる解雇手当　事業撤収によるリストラ、集団解雇は、オランダでも認められていますが、法律でかなりの解雇補償金を支払うように定められています。私も、実際にイギリス、フランス、ドイツの制度と比較してみましたが、オランダの解雇補償金は、これら近隣諸国に比べて圧倒的に高いものでした。私の在任時、欧州各国に拠点を持つ日系某社が欧州全域にわたってリストラをするということがありましたが、某社のオランダ責任者はオランダの解雇補償金が突出して高いと嘆いていました。

解雇補償金が高いのは支払う企業には痛手ですが、従業員が解雇条件を受け入れやすいので、リストラが円滑にいくメリットも

一方ではあります。現に某社では、リストラ対象以外の職場の従業員から、手厚い解雇手当に魅力があるから自分もリストラの対象にしてもらえないかとの打診があったそうです。解雇する方も、解雇される方も、共に取り分があるやり方は、まさにオランダ人の得意とするウィン／ウィン（Win/Win）的やり方と言えます。

3　オランダの日本人社会

オランダの在留邦人数は約七〇〇〇人で、イギリスの約七万人、ドイツの約四万人、フランスの約四万人（いずれも二〇一四年）と比較すると、かなりこじんまりした規模です。オランダ日本人社会の特徴は、その過半数がアムステルダム、ハーグ、ロッテルダム地域に居住しており、大使館、領事館および日本人会の機能を持つＪＣＣとの距離が近くこれらとのコンタクトが容易で、しかも年中なにがしかの日本人社会の行事があり、日本人同士の交流の機会が多く、まとまりのあるコミュニティを作っているということです。

日本人に住みやすいオランダ

小さな国にもかかわらず日本人学校が二校もあり、アムステルフェーン市（アムステルダム南部の日本人の多いベッドタウン）の病院には、日本人用に日本語で通じるジャパンデスクが設置されているなど、諸先輩の苦労のおかげで安心して生活できる恵まれた仕組みができ上がっています。日本人は所得水準が高く、ということは高い税金を納めているということですが、社会マナーも良いためにそれぞれの地域社会からは、好感を持って受け入れられています。

赴任前に心配していた日本食材の入手に事欠くことは全くなく、ほとんど何でも、お豆腐から納豆に至るまで、日本の食材は手に入りますし、新鮮な魚にもそれほど不自由することはありません。日本食のレストランも、日本食ブームのせいもあるのでしょう、庶民的なレベルから高級な店まで数多くあります。日本食材は、国内に比べ若干割高だという問題はあるものの、食べ物の面でも何の心配もなく生活できる環境が整っています。

オランダに住む日本人の約半数は企業関係者で、残りは政府関係職員、留学生、自由業者、永住者などです。永住者は、約一五〇〇人で、男女別の内訳は分からないのですが、オランダ人と結婚して住んでいる日本人女性が多いという印象を持っています。オランダに関する著書を何冊も出しているリヒテルズ直子さん、安楽死の本を書いているジャネット・あかね・シャボットさん、ＪＣＣの事務局をしている長田さん、私の秘書だったマコさんなど、現地に永住して活躍している女性のたくましさには脱帽する思いがします。

なお、日本に住んでいるオランダ人は、約二〇〇〇人でオランダ在留邦人の四分の一の規模に過ぎず、やや寂しいのが現状です。もっと多くのオランダ人に日本に来て活動してもらいたいものですが、そのためには、繰り返しになりますが、外資に魅力ある制度や受け入れ態勢を日本が整えなければいけないということです。

「地球より重い」海外での子供の教育問題

オランダに赴任して、強く印象に残っていることの一つが日本人学校の素晴らしさです。子供の教育は、学校に通う年頃の子供を持つ駐在員にとって、「地球より重い」と言う人がいるほど重要な問題です。オランダには、前に触れたように全日制の小学部、中学部を持つ日本人学校が二校あります。アムステルダム日本人学校（一九七四年開設、アムステルダム市）とロッテルダム日本人学校（一九九二年開設、ロッテルダム市）がそれです。[4]

オランダ中の日本人小中学生が集う運動会
アムス日本人学校 HP より

有難いことに、ここの日本人学校の子供たちは恵まれた環境でレベルの高い教育を受けています。先ず、子供たちのレベル自体が高く揃っているということがあります。資質が高く、海外にいるという緊張感も作用して勉強に対する意欲も高い上、人数が少ないので、学年の枠を超えて上級生が下級生の面倒をよく見ています。先生や先輩の目が行き届いているので、国内で問題になっているようないじめは起こらないそうです。

恵まれていることの最大のものは、先生方が優秀なことです。先生方は自ら海外勤務を志望し、国内で選抜のハードルを越えてきた意欲ある方々ばかりで、生徒指導に熱心で使命感を持って取り組んでいます。カリキュラムにも独自の工夫がなされ、英語は小学一年生から教え、中学では日本の中学より週三時間多くして、ネイティブ教員から英会話が学べるようになっています。親の駐在員より子供の方が、英会話が上手くなることもあるほど、英語教育は充実しています。アムステルダム校では、将来は自分の親のように海外で働きたいと夢見る子供たちがたくさん育っています。ロッテルダム校では、国内の学校に比べ一・五倍の授業時間を確保していますが、生徒は勉強量の多さに押しつぶされるどころか、毎年実施しているＱＯＬ調査（子供の生活の質アンケート）では、幸福度、満足度共に高い数値を示しています。

私も何度か運動会や文化祭に参加して子供達に直接触れる機会がありましたが、どの子も礼儀正しく、しっかりしていて賢そうだったのが印象に残っています。彼らは、大人になったら日本と海外の懸け橋として大切な役割を果たしてくれるでしょう。

これから海外勤務の機会がある人は、子供の教育問題が心配でしょうが、海外の日本人学校は、オランダの事例で紹介したように国内以上に充実していますので、大いに安心して、むしろ子供のためにプラスになるとを思って積極的に海外勤務に挑戦してはいかがでしょうか。

全日制の二つの日本人学校とは別に、現地校およびインターナショナル校に通う子供たちのために四つの補習校があります。補習校のアムステルダム校、ロッテルダム・デンハーグ校、ティルブルグ校、マーストリヒト校では、土曜日に国語、算数・数学の教育を行っています。

日本人社長が入居するアパート

駐在員の暮らしの断片

これから駐在しようとする人あるいは漠然と海外駐在の実態を知りたいと思っている人のために、短い私の経験ですが、仕事以外で強く印象に残っていることをご紹介しましょう。

私の住まいは、前任者から引き継いだのですが、アムステルダム市の南部の閑静な住宅街にある二〇階建てのマンションの五階で、現地の社長としてお客を自宅に招待することもありますので、前々任の社長がそれを考慮した住まいの選択をしてくれたようです。実際に何度かお客を招待することもありました。私の住んでいたアパートには、他の日系企業の社長も五人住んでいましたが、多分同じ発想で広い間取りのフラットを借りていたと思われます。日系企業は駐在員の安全問題を重視しますので、社長クラス以外の駐在員も、一般に治安のよい住宅地の中にある恵まれた住まいに住んでいると言ってよいでしょう。

オランダで暮らすのに車は必需品です。私の車は、前任者から引き継いだベンツSクラスでした。会社によって車の補助制度は異なり、個人負担の多い少ないに差はありますが、駐在員はほとんどがドイツ製のいい車を持って居ます。万一の衝突事故に備えて、ドイツ製の頑丈な車が好まれることもあるようですが、車好きには高速走行時のドイツ車の運転心地はたまらないと言います。車好きは、休暇にはイタリアやスイスまで車で旅行します。私は運転が得意ではないので、もっぱらオランダ国内でしたが、それでも道路や標識が非常に整備されていますので、日本では味わえない快適なドライブを週末ごとに楽しめました。

ヨーロッパ駐在員の特典は、何と言ってもヨーロッパ各地を日本の国内旅行のような感覚で飛行機、鉄道、車を使って気軽に旅行できることです。私は、夏休みやクリスマス休暇には、滞在先を一ヵ所にし、そこをベースにレンタカーを借りて周囲を観光するということをよくやりました。やはりヨーロッパ観光は夏に限ります。冬は地中海地方ですら寒い上に天候の悪いことが多いので、余程運がよくないと地中海の陽光は拝めません。

名門ロイヤル・ハーグ・ゴルフクラブ

オランダにはゴルフ場がたくさんあり、プレー費も安いので駐在員の間ではゴルフが盛んでした。私は、ゴルフはあまり得意ではないのですが、たまたま私の駐在していた時にオランダで最もステータスの高い名門のロイヤル・ハーグ・ゴルフ・クラブに加入を認めてもらいました。このクラブは王室もメンバーになっているゴルフ場です。ハーグに隣接する閑静な高級住宅地ワッセナーの中にあり、砂丘の地形を利用したいわゆるリンクス・コースで難しいゴルフ場でしたが、オランダらしく自然と共存しているコースでプレー中に雉や鹿に出会うこともありました。
ところで、ゴルフの発祥地がオランダだという説がありますす。ゴルフの発祥については諸説あるようですが、最も有力なのはオランダからスコットランドに伝わり、今の形になったという説のようです。

日本人が巻き込まれる犯罪

オランダは治安のよい国ですが、在留邦人、旅行者が置き引きやスリなどの盗難被害にあうケースが少なくありません。在蘭日本大使館によれば、二〇一四年にパスポートが含まれている盗難だけで六三件の被害届があったそうです。パスポートが含まれない被害は大使館には届けませんので、実際はもっと多くの盗難被害が起きていると推定されます。のどかで住み心地の良いオランダですが、日本人は金持ちと見られていますので、犯罪に対しては日本にいるときとは違った緊張感のある態度が欠かせません。

現に私も私の同僚も大使館が盗難の典型的な手口だと警告しているにもかかわらず、その被害にあってしまいました。典型的な盗難は、列車内や駅構内で注意をそらした隙にやられる置き引き、二人乗りバイクによるひったくり、洋服にケチャップをかけて気をそらした隙を狙うスリなどです。

私も「ひったくり」にあった　私は、「ひったくり」の被害に会いました。まだ明るさの残る夕方の時間、レストランで食事を済ませて、同僚と並んで道を歩いていた際、後方から二人乗りのバイクが来たので道を開けたところ、私のカバンを見事にひったくられました。暴力的に奪い取るというより、さっとピックアップするという感じの手際良さで一瞬何が起きたかわからず、呆然としましたが、犯人は常習者なのでしょう、バイクのスピードを上げるわけでもなく悠然と立ち去って行きました。さいわい、大した被害でなくてよかったのですが、重要書類がもし入っていたらと思うとぞっとします。

用心していてもやられたW君　同僚のW君は、ベルギーからオランダに向かう列車の中で、見事に置き引きの典型的な被害にあいました。ブラッセルからアムステルダムに向かう途中の駅アントワープで列車が停車中に若者が窓の外から窓をたたき、どこかを指さして「あっちを見てみろ」と言っているようなので、それに気を取られている隙にそばにおいていたパスポート入りのポーチを何者かに持ち去られてしまったというものです。W君の場合は、ベルギーは盗難が多いとの事前情報をしっかり頭に入れ、一日中盗難にあわないように用心をして行動したその帰りの列車での被害だったので、本人の悔しがりようは並大抵ではありませんでした。

乗換駅のプラットホームは狙われやすい　出張者のK君は、駅のプラットホームで乗り換えの列車を待っている際、ホームの端で騒ぎが起き、それに気を取られている隙に、傍に置いておいた出張用のバッグを二つとも持ち去られてしまいました。もちろん、ホームの端の騒ぎは、共犯者が意図的に起こしたものでしょう。

私は、その乗換駅であやうくケチャップ・スリにも合うところでした。駅のエスカレーターに乗っている時に、スリは後ろから私の背広に気付かれないようにミルクを掛けたようです。彼はプラットホームに出た後で親切を装い、私に接触して財布を抜き取るつもりだったのですが、彼が接触してくる前に、勇気あるオランダ人が私に注意してくれたので、かろうじて金品の被害にあわずに済みました。ドイツへの出張の途上でしたので、帰宅するわけにもいかず、列車のトイレで背広のミルクを洗い流すのに苦労させられました。

W君のケースのように、ベルギーからオランダに向かう鉄道では、置き引きなどの盗難被害が頻発しています。四人掛け席の向かい側に座った若者がコインを床に落として注意をそらそうとしたり、地図を広げて私に質問して注意をひきつけようとしたりするケースに私も実際出会いましたが、予めその手口を知っていましたので、被害を避けることができました。

いずれのケースも、注意をそらした隙に、バッグや金品を盗み取るという手口で、体に危害を加えるような凶暴な犯罪ではありませんが、日本と違う手口の盗難がヨーロッパには蔓延しているということをしっかり心に刻んで用心を怠らないことが必要です。

空き巣被害も後を絶たない

日本人駐在員の多くは、安全な住宅地に住んでいるのですが、空き巣の被害も時々耳にしました。大使館のホームページでは、空き巣に注意するように今でも結構なスペースを割いて注意を喚起していますので、依然として空き巣被害が後を絶たないものと思われます。

日本を一歩外に出れば、誰かが金品を盗ろうと常に隙を窺っている世界だと感じますが、それは言い換えれば日本が世界に誇れる安全な国だということであり、日本の治安の良さを改めて認識させられます。

第10章　EUの中のオランダ

日蘭関係の紹介に引き続き、オランダとEU（European Union, 欧州連合）の関係について簡単に紹介しましょう。現在のオランダはEUの中に深く組み込まれており、EUの理解を抜きにして、オランダを理解することは難しくなってきています。EUは、日本ではともすれば経済共同体のように受け止められがちですが、その本質は「ヨーロッパを二度と戦場にしない」という固い政治的な意思を基本理念として結成されたヨーロッパの地域統合体です。

1　EUはなぜ誕生したのか

二〇世紀前半にヨーロッパが経験した二つの世界大戦は、まことに悲惨なものでした。多くを語らなくても、次の戦死者の数字が現代戦の恐ろしさを雄弁に物語っています。

第一次世界大戦（一九一四～一八年）ヨーロッパの戦死者　一九〇〇万人
第二次世界大戦（一九三九～四五年）ヨーロッパの戦死者　三六五〇万人

ヨーロッパの賢明な政治家たちは、戦争の余りの悲惨さ、犠牲の大きさを経験して、ヨーロッパの国の間で二度と戦争を起こさないようにするために、戦後立ち上がりました。彼らとその後継者の優れた政治家たちは、ヨーロッパの多様な国家を共通の理念のもとに一つに結集するために、戦後の長期間にわたり、幾多の困難、障害に直面しながらそれを乗り越え、現在のＥＵを作り上げたのです。そのＥＵの理念は「多様性における統一」です。

ベルギー、オランダ、ルクセンブルグ（ベネルクス三国）は一九四八年、ベネルクス関税同盟を締結しますが、これがＥＵの前身の欧州経済共同体（European Economic Community, ＥＥＣ）のモデルとなりました。ベネルクス三国にドイツ、フランス、イタリアを加え六ヵ国で欧州石炭鉄鋼共同体が一九五一年にスタートします。これがさらに発展して一九五七年にＥＥＣが発足します。ＥＥＣにイギリスなど新たに六ヵ国を加えた一二ヵ国で、現在のＥＵが発足したのは一九九三年です。ＥＵ発足の合意はオランダ南部の古都マーストリヒトで行われましたので、その条約はマーストリヒト条約と呼ばれます。以上のような経過を見ると、オランダがＥＵの懐胎期からその誕生に至るまで、深いかかわりを持っていたことがよく分かります。

EUの加入国は、二〇一五年時点では、旧共産圏の東欧やバルト三国を含み二八ヵ国にもなっています。加盟国が順調に拡大しているのは、EUという構想がヨーロッパ中から歓迎され、支持されている証といえます。

2　EUがもたらす経済的繁栄

一九九三年のマーストリヒト条約によりEUは単一の市場になり、EU全体が繁栄できる枠組みが整いました。そのEUの経済規模はGDPが一八・五兆ドルで世界最大（二〇一四年）、人口は五・八億人と中国、インドに次いで世界第三位です（二〇一五年）。

単一市場のメリット

EUの単一市場では、関税の障壁がなくなり、国境を越えて、「人、物、サービス、資本」が自由に移動できます（単一市場の「四つの自由」という）。EU市民は、他のEU加盟国において、住み、働き、学び、老後を過ごすことが権利として認められることになりました。単一市場の発足にともない、競争が促進されることによって、商品の価格が低下し、選択肢の幅が広がったので、消費者も統合のメリットを享受しています。企業側も国境を越えた事業展開が簡単になり、コストの安い国に工場を建てて競争力の強化を図ることが容易にできるようになりました。これらは経済活動を大いに刺激することになり、雇用も拡大しました。

人や物がより移動しやすくするために、一部の国では、国境検問が廃止され、パスポートの提示も不要になっています（シェンゲン条約）。

進むEUの「拡大と深化」

ＥＵの加盟国の拡大と共にその統合の内容も着実に深化しており、中でも二〇〇二年の共通通貨ユーロの導入は、歴史的な出来事と言えるでしょう。通貨統合前は、国境を越える度に両替が必要で、大変面倒でしたが、それが不要になり、ヨーロッパ内の移動が大変便利になりました。二〇一〇年の欧州債務危機以降、共通通貨ユーロは必ずしも盤石なシステムではなく、制度的不備があると指摘され出しましたが、ＥＵ統合の歴史同様、一時的な躓きや停滞があっても、彼らはこれを乗り越え、統合をより深化させていくことでしょう。

なぜなら、通貨統合には、次のような多くの利点があるからです。

①通貨交換が不要→手数料、時間削減
②為替リスクなし→取引活発化、域内他国への進出加速→通商促進
③金融・資本市場の統合
④域内価格の平準化
⑤経理処理の簡素化

コラム　共通通過ユーロ採用国は着実に増加中

共通通貨ユーロを採用している国――19ヵ国（2016年、以下同じ）

ドイツ、フランス、イタリア、オランダ、ベルギー、ルクセンブルク、オーストリア、アイルランド、スペイン、ポルトガル、フィンランド、スロベニア、ギリシャ、キプロス、マルタ、スロバキア、エストニア、ラトビア、リトアニア

加盟待ちの国―― 6ヵ国

ポーランド、ハンガリー、チェコ、ルーマニア、ブルガリア、クロアチア

自国の金融政策の自由がなくなることなどを理由に、加入を見送っている国――3ヵ国

イギリス、デンマーク、スウェーデン

ユーロ導入後、通貨ユーロに対する信認は着実に高まり、ドルに次ぐ決済通貨、準備通貨になっていることはご存じのとおりです。

その後も「深化」の取り組みは進み、二〇〇七年には、「EU大統領」「EU外相」の二つの重要ポストが新設されることになり、意思決定手続きの効率化と簡素化などが決定しました（リスボン条約）。

3　目が離せないEUの動き

世界に先駆けて、先進的ルールを作り、それを国際的基準にすることにより影響力を増大させようというのがEUの戦略です。世界のデ・ファクト・スタンダード（実質的標準）をEUで作り、世界をリードしようという戦略です。企

業活動に大きな影響を及ぼしている国際会計基準（ＩＦＲＳ）、化学物質登録制度（ＲＥＡＣＨ）、ＣＯ２排出権取引制度などは、いずれもＥＵが主導権を持って推進している制度です。それだけに、こうしたＥＵの動きにはこれからも細心の注意を払うことが欠かせません。

企業を震撼させるカルテル摘発

ＥＵが作ったルールで、世界の大企業を震撼させているものがあります。企業の不正競争、カルテルの摘発です。課徴金は最大限で、企業の世界売上高の一〇％まで課せられるルールですから、企業にとってはとてつもない負担になりかねません。ＥＵはカルテルの摘発に大変熱心で、毎年容赦のない厳しい課徴金を科される企業が少なくありません。例えば、二〇〇八年には自動車用ガラスのカルテルが摘発され、課徴金の総額は一三・九億ユーロで、そのうち日本板硝子一社で三・七億ユーロの課徴金を払わされました。二〇一〇年には、エールフランスＫＬＭが貨物輸送カルテルを摘発され、課徴金三・四億ユーロを払わされました。カルテルの存在を当局に先に通報した会社は制裁を免除される制度（リニエンシー制度、Leniency program）なので、摘発の効果を発揮しているようです。日本の法律では、カルテルで得た不当な利益相当分を課徴金で召し上げるだけですから、彼我の課徴金は桁違いなのです。本気で徹底的に摘発し、不正競争を根絶しようという彼らの強い意志を感じます。

欧州の頭脳を結集する研究開発

ＥＵの研究開発の動向についても目が離せません。オランダで、最先端のＥＵの欧州宇宙研究技

オランダにある欧州宇宙研究技術センターESTEC　By courtesy of (ESA/A Le Flo'ch)

術センター（European Space Research and Technology Center, ESTEC）を見学したときには、オランダのような牧歌的な国で先端的な宇宙開発の研究がされていることに驚きを覚えるとともに、科学技術で世界をリードしていこうというEUの決意と意気込みを実感しました。この研究センターには、EU各国からこの分野を専門とする研究者が二五〇〇人も集まっており、EUの叡智を結集して集中的に取り組んでいるという印象を強く受けました。説明を聞いて分かったことは、人工衛星の研究開発はオランダで、打ち上げはフランスで、観測はイタリアで、訓練はドイツでと言うように機能は一見各国に分散しているものの、それぞれの機関にはEU中から国境を越えて専門の研究者が集まるような仕組みになっているということです。オランダの研究施設の周囲には、関連の民間企業が数多く立ち並んでいて、その様子からは官民が一体で研究開発に取り組んでいることもよく分かりました。

EUの特徴は、先端分野で世界をリードするために、宇宙開発に限らずバイオ、情報通信、ナノテク、エネルギーや環境問題など、EUとして一〇の重点領域を設定し、EU規模での共同研究・開発体制を整え、欧州中から優秀な頭脳を集め、その重点テーマに集中投入できる仕組みをとっていることです。ＥＵが六億人の人口の中から、各先端分野の専門家の知力を結集して取り組んでいるのですから、その動きには目が離せません。

首脳同士の強い連携

ＥＵ諸国の首脳は頻繁に交流しているのが特徴です。定期的な会合も頻繁ですし、日常的にトップ同士が会談しています。このため、各国のトップ同士の連携が非常によく取れています。二〇一〇年にギリシャの財政不安に端を発してユーロ圏が動揺した時に、ドイツのメルケル首相とフランスのサルコジ大統領が頻繁に会談し、その都度市場を安心させるために声明を発表しました。その親密な関係から、当時は「メルコジ」という造語が作られたほどです。ＥＵ内の意思統一ができれば、同じ意見で国連に二八票持てることになりますから、国際機関でも大きな影響力を発揮できるのです。

加えて、各国では強いリーダーシップを感じさせる指導者達が首脳に選ばれ、トップに相応しいリーダーシップを任期いっぱい発揮しています。彼らを見ているとヨーロッパには、未だにノブレス・オブリージ（Noblesse oblige、高貴なるものには、責任が伴う）の伝統が生き続けていると感じます。彼らは激職にあるにもかかわらず、穏やかで、笑顔・微笑みを絶やさないように努めています。地位が上がるほど、ジェントルマンとして振る舞うことを求められる文化がヨーロッパにはあるのです。彼らは、ノブレス・オブリージの伝統を、言わず語らず体現しているように見えました。

EUのゆくえは？

EUについてヨーロッパ人が書いた本を読むと、ローマ時代に遡って統合の背景を説き起こしていることに気づきます。彼らは、ローマ帝国がヨーロッパの主要部分を統一して以降、共通の文化、文明が育まれ、宗教、学問、芸術、技術、建築などが現在の国境を越えて共有されるようになったので、ヨーロッパにはEUのような政治的統合の土台が前もってあったのだと述べています。ヨーロッパでは、国を越えて王室同士の婚姻も盛んに行われてきましたし、王室同士の婚姻や王室の相続などによって国境が変わることも珍しくありませんでした。ついでながら、彼らは王室の家系には青い血（Blue Blood）が流れていると言います（Blueには高貴なという意味がある）。モーツアルトやレオナルド・ダヴィンチ、ゲーテやエラスムスなど歴史に名の残る音楽家や画家、文学者や哲学者なども、国境にとらわれず、ヨーロッパ中を移動して修行したり活動したりしていたのはご存じのとおりです。キリスト教を信じ、ラテン語を共通言語として学び（今では共通語は英語になっていますが）、国境を越えた人の交流が盛んで、同一文化・文明を持つヨーロッパの人々に、統合の基盤となる多くの共通項があることは、現地で暮らしてみると実感として一層よく理解できます。

EUの「拡大と深化」が前に進むのは、その背景にこのようなヨーロッパ独自の一体感があるからなのです。それは日本人がアジア地域に感じるもの、あるいはアジアの国々が互いに感じるものとはかなり異質なものがあります。

フランス革命を機に国民国家が成立し、国境線をめぐる争いと共に国境の壁がすごく高くなったのが一九世紀、二〇世紀だと言われています。五〇〇〇万人を超える戦死者を出した二〇世紀の二度の想像を絶する戦争の惨禍を味わって、欧州のリーダー達は高すぎる国境が悲劇の原因であることに気付いたのです。「二度と欧州で戦争を起こさない」ことがヨーロッパ統合のそもそもの動機ですが、彼らは今やローマ時代のように一体となり世界に対して強力なリーダーシップを発揮するため、強い政治的意思を持ってEUの「拡大と深化」に取り組んでいるように見えます。

EUが今の形になるまで、様々な障害がありましたが、その都度大きな大義の旗の下に各国のリーダーが集まり、難しい話し合いを重ね、問題を一つ一つ解決し、何とか乗り越えて今日までやってきました。歴史に残る壮大な実験が、今でも続いているといってよいでしょう。EUにはこれからも二〇〇五年に起きたEU憲法の国民投票による否決や二〇一〇年以降続いている欧州債務問題のような一時的な停滞や危機はあるかもしれませんが、多数の市民はEUを支持しており、その「拡大と深化」に後戻りはないとみるべきでしょう。

アジアは、ヨーロッパと歴史も文化・文明の共有度も違いますが、国と国との違いを乗り越えて統合を進めるEUの姿勢から学ぶものは少なくありません。帰国してみて感じるのは、日本はマスコミをはじめとしてEUに対する関心が決して高いとは言えないことです。EUについては、欧州債務危機などの問題点ばかりがクローズアップされ喧伝されることが多いのですが、EUは着実に「拡大と深化」を続けています。また対外関係では、近年は中国との関係を急速に深めてきています。一歩他に先んじて世界のデ・ファクト・スタンダード（実質的標準）を作り、グローバリゼーションの世界で有利な舞台を作ろうとしているEUの動きには今まで以上に注意を払う必要があるでしょう。

コラム　ＥＵの歌とＥＵの旗

ベートーベンの第９交響曲の歓喜の歌が「EU の歌」になっているのをご存知でしょうか。「離れ離れになった同朋が再び結ばれる」との詩人シラーの詩を採用したこの曲が、2004 年 5 月に加盟を承認された 10 ヵ国の式典で高らかに歌われました。新加盟国にはかつて鉄のカーテンで仕切られ西欧諸国と分離されていた旧共産圏の東欧の国々 8 ヵ国が含まれていました。テレビが、各国で歓喜の歌が歌われる様子を実況中継しましたが、その様子は大変感動的でした。まさに歴史的瞬間に立ち会った気がしました。「EU の歌」になった歓喜の歌の一部を以下に紹介します。

汝《な》が不思議のわざ
離《さか》れしを結び
諸人《もろびと》こぞりて
同朋《はらから》となる

（矢田部勁吉　訳）

EU の旗には 12 の星が円形にデザインされていますが、これは加盟国の数などを意味するものではなく、ヨーロッパでは 12 という数字が良い意味があると考えられているからだそうです。

4　オランダにとってEUは生命線

オランダとEUは切っても切れない深い繋がりがあります。歴史的に見ても、オランダはEUの前身のEECの創立メンバーであり、その原型になったベネルクス関税同盟の中核国家でした。EUとの貿易はオランダに莫大な経済的利益——オランダ人にとって宗教より大事だとさえ言われるお金——をもたらしており、貿易立国のオランダはEU経済と切っても切れない深い繋がりを持つに至っています。彼らは、誰よりもEUの経済面での大きなメリットを良く知っており、その恩恵をフルに受けている国なのです。輸出の約七五％はEU向けであり、輸入の約五〇％はEUからのものです[1]。オランダ国内には、国民一人あたりのEUへの拠出金が加盟国中で一番多いことに不満の声がありますが、それを補って余りあるメリットをEUから受けている国がオランダなのです。

EU加盟による政治面でのメリットも彼らはよく知っており、それを政治的な意思を持ってフルに利用しようとしています。オランダは小国ですから単独で国際的な影響力を発揮することは難しいので、EUという巨大組織を通じてオランダの影響力を世界に発揮しようというのが彼らの戦略です。「オランダ一ヵ国では世界の大国に対抗できないが、EUとしてワン・ヴォイスで対応すれば、オランダの信じる原則を実現することができる」という趣旨のことを政府の指導者たちはしばしば述べています。幸いオランダは国際的に活躍できる人材を豊富に輩出できる国で、オランダ人はEUの枢要なポストで活躍しています。ほんの一例ですが、欧州中央銀行（European Central Bank, ＥＣＢ）の初代総裁はオランダ人のウィレム・Ｆ・ドイセンベルク（Willem F. Duisenburg）ですし、前に紹介した世界の企業を震え上がらせているカルテル摘発を欧州委員会で指揮したのはオランダ人女性のネリー・クルース（Neelie Kroes）で、彼女は『フォーブス』の「世界で最もパワフルな女性一〇〇」に五年間も続けて選ばれました。

対照的に国際機関で活躍できる人材が少ないため、国力相応の影響力が発揮できず、多額の資金拠出だけ終わっているのが日本ではないかと心配になります。

コラム　日本とEU

日本とEUは経済的に緊密な関係にあります。日本にとってEUは世界第3位の輸出相手国、第2位の輸入相手国です。EUにとって日本は、輸出・輸入ともに第6位の貿易相手国です。日本の海外直接投資残高では、EUはアメリカに次いで第2位です。日本に対する対内直接投資残高では、EUが第1位です。(以上、2015年、外務省　日EU経済情勢)

一般の方にはあまり知られていませんが、日本とEUは、経済関係を強化するための政府間協議「日・EU規制改革対話（以下、日・EU対話)」を年に2回、東京とブラッセルで交互に開催し、日本とEUの双方に好ましい貿易・投資環境を導き出すために話し合っています。この「日・EU対話」に先立ち、日本政府は、日本の民間企業の生の声を聞き、官民の意思統一を十分に図るために、EU主要国から日系企業の各国代表をブラッセルに集め、年に1回「日欧経済関係強化戦略会議（以下、戦略会議)」を開催しています。

私は2006年度の「戦略会議」にオランダ進出日系企業の代表としてこの会議に参加する機会がありましたが、日本政府がEUとの経済関係を強化するために、民間企業の要望を幅広く吸い上げ、それらの課題に正面から継続的に粘り強く取り組んでいることをその場で初めて知り、強い印象を受けました。それまでは、日本政府が陰ながらこのような進出企業の支援活動をしていることなどは考えてもみなかったのですが、駐在員が大変不便を強いられていた「労働許可書がなかなか発給されない」という切実な問題なども含め、進出企業を悩ませる様々な慣行や法令がこの場で取り上げられ、「日・ＥＵ対話」で着実に解決されていたのです。改めて進出日系企業をしっかり支える日本政府の役割の大きさを実感することができ、海外で事業をする立場から大変心強く感じたものです。

一方、EU 側は、かねてより日本に対して、「閉鎖的・不透明な市場」とのイメージを持っており、つい最近も EU 側が日本の公共事業への参入障壁が高いために、世界中の大規模施設を建設・管理している EU の大企業が日本ではほとんど契約を勝ち取れないことを問題視する EU 首脳の発言が新聞で報道されています。多数の日系企業が、EU 市場で自由に活動しているわけですから、日本市場において EU 企業が同じ程度に自由に活動できる環境を整えるのは、日本側の当然の義務であり、ひいては日本の納税者の利益に沿うものではないでしょうか。

第11章 びっくり先進国オランダ

この章では、オランダの一風変わった社会風俗を紹介します。オランダに「風紀の乱れた国だ」という印象を持っている方がいるかもしれません。確かにオランダでは「コーヒーショップに行けば、大麻を吸っても罪にならないし、公認の飾り窓（売春）があるし、同性愛同士の結婚が合法化されている」のです。なぜそのような政策が取られているのでしょうか。

1　なくならない社会問題

オランダ人は、売春などのある種の社会現象は好むと好まざるとにかかわらず、現実に存在し、将来もなくならないことを認めた上で現実的な対応を考えています。「ダメなものは、ダメ、全面禁止。以上議論は終わり。」との硬直的発想では社会問題の解決にはならず、問題を潜在化させてしまいます。それらをオープンにし「現実にそれは存在する、なくならない」と認めた上で、彼らは最も社会に害の少ない、一般的に受け入れられる枠組みを作ろうとします。現実的で柔軟、これが彼らの社会問題に取り組む姿勢で、その動向は世界の国々から大きに注目を浴びています。まず売春の問題を見てみましょう。

2 「飾り窓」で売春を上手く管理

オランダでは、売春は合法的に認められています。それはどうしてなのでしょうか?

社会への害を最少にする知恵

オランダ人は、世界中に貿易拠点を持っていましたので、船乗りには長い航海が普通でした。長い航海を終えた船乗りは安らぎを求めます。航海の民としての歴史を持つオランダ人は「売春は、人間の本能に根ざした職業でなくなることはない」と考えます。

その売春の非合法化は、犯罪や病気の温床を生み、売春婦およびその顧客に安全でなく、社会的に様々な問題をもたらします。彼らは、これを社会と市民にとって相対的に安全で最も害の少ないものにするため、多くの都市に合法化した売春を行う「飾り窓地区」を作りました。飾り窓以外の売春は非合法です。

市民権を得たサービス業になった売春

「飾り窓」はオランダでは、市民権を得たサービス業になっています。売春婦を含む性産業関係者は、収益性を維持するため、彼らのビジネスが、清潔で、効率的で、かつ顧客を尊敬と尊厳をもって扱うようにしなければなりません。売春を合法化し規制することにより、需給原理がサービスの質を高め、市場価値に基づいた料金が生まれました。市場原理に基づいた産業では、ある水準を満たさないものは存続できませんので、悪質な売春が拡がる予防にもなっています。

売春婦は労働組合員

合法化することにより、政府は必要な管理をし、犯罪や病気の温床になることを防いでいます。売春婦の権利は擁護され、彼女たちは全国組織の労働組合に加入しています。収支の透明化により犯罪組織への資金流入を断つとともに、所得課税で国庫収入の増加になっています。「飾り窓」は一〇億～二〇億ユーロの売り上げと推定されます。(1)

売春が非合法な日本は、性産業で働く女性の安全や権利がないがしろにされている上、金の流れも不透明です。日本は人口規模がオランダの八倍ですから、売春の売上げが人口に比例するとすれば、それはとてつもない巨額な額になるでしょう。

3　大麻を吸っても罪にならない場所を作る

特定の場所でなら大麻を吸っても罪にならないオランダは、風紀の乱れた国というイメージがありますが、実際はどうなのでしょうか?

大麻が吸えるコーヒーショップ

大麻などのソフト・ドラッグは、特定の店「コーヒーショップ」で吸引しても罪に問われることはありません。私が駐在した当時アムステルダムだけで、二〇〇件のコーヒーショップがありました。業者は、免許を必要とし、税金を支払う義務があります。大麻は個人へ五グラムまでの販売が認められています。「飾り窓」の場合と同様に、合法化して事業を営む者を管理し、安全を確実なものにし、社会への被害を最小限に抑えるとの発想です。大麻の害については、真偽のほどはわかりませんが、オランダ人はアルコールほど悪くないと考えているようです。

大麻が吸えるコーヒーショップ

大麻吸引者が少ないオランダ

「大麻を興味本位で吸引する人間はなくならないであろう。警察力はより深刻な犯罪に注力すべきだ。」と彼らは言います。若者は何かをしてはいけないとなるとすぐにそれをしたがる欲望が強くなるものです。合法化されたオランダでは、もはや大麻を吸引することがあまり格好いいこととは考えられていません。禁止されているアメリカのハイスクールの大麻吸引経験者は三八％ですが、オランダの一二歳から一八歳のそれは一三・六％と低いのです。オランダの麻薬関連死亡者が、ヨーロッパの中で最も少ないということもあり、オランダ人は彼らのソフト・ドラッグ政策を成功と評価しています。

アメリカでは二〇〇〇年に、七〇万人が大麻犯罪で逮捕、過去一〇年に五〇〇〇万人が大麻で逮捕されました。六万人が刑務所におり、一二億ドルの税金を使っています。納税者は、大麻違反者の逮捕、起訴のため毎年七五億ドルから一〇〇億ドル使っています。[2] オランダ人は、この分野におけるそのような大掛かりな警察活動は、深刻で凶悪な犯罪に注力できるかもしれない国家資源の浪費だとみなしています。

ハード・ドラッグは厳罰

他の国同様、ハード・ドラッグの所持や販売は厳罰です。オランダの非常にユニークな点は、ハード・ドラッグの使用者を、犯罪者としてよりもむしろ、治療の必要な患者と捉え、薬物中毒からの離脱を可能な限り支援することです。そのためコカイン患者に福祉の一環として公費でコカインを提供することまでしています。このやり方は、中毒患者が犯罪に走ることを防ぎ、犯罪率の低下にもつながっています。警察、福祉組織、ソーシャル・ワーカー、教会などが、麻薬中毒者の離脱を支援すると同時に麻薬使用の拡大を抑えるため共同して活動しています。このようなハード・ドラッグ対策の柔軟な発想には、本当に感心させられます。

曲がり角のコーヒーショップ

近年、オランダでコーヒーショップのあり方が再び議論を呼んでいます。コーヒーショップの利用者の大半がツーリストになっていて、EU内部からオランダを非難する声が高まっています。また国境に近い街の住民から、コーヒーショップ目当てで越境してくる外国人のために治安が悪化しているなどの非難があります。この姿は本来のオランダの狙いではありません。そこで大麻販売対象者をオランダ人だけに限り、ツーリストには販売を禁止する動きが出始めています。これによりコーヒーショップの数を減らそうとの狙いもあるようです。オランダのソフト・ドラッグ政策は、曲がり角に差し掛かっているのかもしれません。

アムステルダムのゲイ・パレード　提供：日通・内山氏

4　同性愛者に寛容

オランダは世界で最も同性愛者に寛容な国です。その背景には、少数者集団（マイノリティ）の権利を尊重する価値観がオランダには深く根付いていることがあります。

副市長が同性愛結婚

私が面識のあったアムステルダム市の副市長、キャロリン・ゲーレル（Carolien Gehrels）は女性ですが、彼女は女性と結婚していました。マイノリティの権利を大事にするオランダでは、二〇〇一年に同性愛者の結婚が世界で初めて合法化されました。この動きは、徐々に先進諸国に拡大しており、ベルギー、スペイン、カナダなどではオランダに次いで同性同士の結婚が合法化されました。ゲーレル副市長は二〇〇九年にニューヨーク（NY）を訪問した際、NYのアルバニー市長に同市でも同性愛者の結婚を認めるよう熱いエールを送るなど、率先して同性愛者の市民権獲得に動いています。

アムステルダムは同性愛者の首都

アムステルダムは同性愛者に大変寛容な都市で、「同性愛者の首都（Amsterdam is a gay capital.）」と呼ばれます。毎年八月の第一土曜日に、アムステルダムでは盛大なゲイ・パレードが運河にボートを連ねて行われます。運河沿いは家族連れも含め見物人で鈴なりの人だかりになります。同性愛者への寛容を訴えるためアムステルダム市長や大臣も行事に参加します。私も物珍しさで見物しましたが、大変なお祭り騒ぎで、同性愛者にたいするオランダ人の寛容さを肌で感じることができました。

同性愛でエイズを連想する人もいるでしょうが、オランダのエイズ罹患率はアメリカの約一〇分の一にすぎません。

5　安楽死の合法化

高齢化にともない「終末期に回復する可能性がない病気で、長引く苦痛に襲われるかもしれない」と心配する人が私の身の回りでも増えていますし、現実にそのような形で死を迎える人も少なくないようです。日本と同じように高齢化社会を迎えているオランダでも、苦痛なく尊厳のある形で死を迎える安楽死（尊厳死ともいう）に社会の関心が高まり、長い議論の末、二〇〇二年に安楽死が合法化されました。この背景には、個人の尊厳を尊重するオランダ人の価値観があります。

守らなければならない厳しい基準

安楽死は、一歩間違えば殺人や自殺ほう助などの重大犯罪になりかねませんから、合法の要件を満たすために、医師が守らなければならない厳しい基準が定められています。その基準とは、次の五つで、医師はこれを書面で証明しなければなりません。(3)

①安楽死の要請は、自発的で、十分考慮され、相当期間繰り返されたものであること。
②症状が改善の見込みがなく、耐えられないものであること。
③主治医は、患者に患者の状況と今後の予後について知らせていること。
④主治医と患者が状況につき話し合い、他に合理的解決がないとの結論に達していること。
⑤主治医は、その事例に関係を持たない他の医師の意見を聞くこと。相談を受ける医師は、独立した分析者として行動し、主治医が必要な治療基準を満足していることを書類で証明すること。

少なくない医師の精神的負担

安楽死の合法化が命を軽視する風潮を生むのではないかと懸念する人も居るでしょうが、その心配は全くありません。なぜなら、安楽死を実施する医師は損をすることはあっても、絶対に得をしない制度になっているからです。安楽死の実施は、手術のような独立した診療報酬の項目にならず、医師の収入が増えることはないのです。診察して普通の診療費をもらえるだけで、患者が死んでしまえば診療費はもらえません。診療報酬の有無は、安楽死を実施する医師の精神的な負担に比べれば些細なことのようです。安楽死の実施を決意するまでの心の悩み、実施しているときの心の揺れ、実施後の苦しみと告発の可能性の存在など、医師の精神的負担は大変大きなものがあるようです。医師は安易に安楽死を実施するような動機を持っていませんので、安楽死が合法化されたからといって、命を軽視する風潮がオランダに生まれているようなことはありません。オランダの安楽死の数は二〇一二年で、四二〇〇件でした。社会の高齢化に伴いその数は徐々に増えてきています。

妊娠中絶の少ない国

命の尊厳に関連しますが、避妊薬ピルは、オランダの化学会社アクゾー・ノーベルが世界で初めて開発、販売したものです。オランダでは性教育が進んでおり、ピルやＩＵＤ、避妊手術などの避妊の知識が国民の間に浸透しています。このため、妊娠中絶の件数は低く、一五〜四四歳の千人当たりの件数はアメリカの約二〇件に対し半分の約一〇件です（二〇一〇年）。命の尊厳を大事にすると同時に現実に柔軟に対応する「大人の国民」らしい結果ではないでしょうか(4)。

6　移民が人口の二割に

オランダには移民が多く、国内ではそれが常に論争の種になっています。

出身国	人口（万人）	構成比(%)
トルコ	39	2.3
インドネシア	38	2.3
モロッコ	36	2.1
スリナム	35	2.1
アンティル	14	0.9
その他	187	11.1

図表 11-1　移民の構成比[5]

労働力不足のために求められた移民

オランダには、人口の約二割にあたる約三五〇万人の移民がいます。そのうち欧米先進国以外の出身者が一九〇万人、その中に一〇〇万人のイスラム教徒がいます。

オランダへの移民は、一九五〇年代には旧植民地（スリナム〔南米〕、アンティル〔カリブ海〕、インドネシア）からでしたが、一九七〇年代には応援労働者としてトルコとモロッコからの移民を受け入れました。この結果、トルコとモロッコからの移民が大きな割合を占めるようになっています（**図表11―1**）。

応援労働者は、大金を稼いだ後、母国に帰ると期待されていたのですが、オランダの高い生活水準に慣れ、オランダに住み続けることを選択したのです。彼らは母国から家族を呼び寄せ、二世の子供は母国から配偶者を呼び寄せたので多数の移民がオランダに永住することになりました。オランダはそのようなことは予想もしていなかったし準備も体制も整えていませんでした。

今では、アムステルダム市、ロッテルダム市では、住民の半数近くが移民で占められています。

常に論争の種になる移民問題

移民は独自の宗教、文化を持つ閉じた少数社会を形成しがちなので、政府は彼らがオランダ社会に融合するよう大変な苦労を続けています。移民がもたらす社会問題は多岐にわたり、常に政治家の論争の的になっています。移民の主要な問題を列挙してみましょう。

・移民の失業率はオランダ人の四倍で、社会保障費の増加をもたらしている。
・移民の給料は、通常大抵のオランダ国民よりはるかに安く、低所得階層が拡大している。これが移民とオランダ人の断絶を拡大している。
・路上暴力の増大など犯罪が増加している。
・犯罪の増加と移民は関係があると七割のオランダ人が回答している。現に、アンティル出身、モロッコ出身の男性の犯罪容疑率はオランダ人男性の五倍である。
・移民比率の急増、クラス人員の増加などで、公立学校の劣化を招いている。いくつかの学校は移民が生徒の過半数を占めている。
・移民の二世、三世ですらオランダ語を話せないことがある。
・オランダの伝統や文化に軽蔑を示す移民がいる。
・イスラム教徒は女性の権利、同性愛者の権利を尊重しない。
・非西欧系移民の出生率が高く、その人口増加率が高い。
・オランダ人から国民の一体感が損なわれているとの批判の声がある。(6)

二〇〇四年に「ひまわり」の作品で有名な画家ゴッホの甥で、過激なイスラム教批判をしていた映画監督のテオ・ファン・ゴッホがイスラム教徒に暗殺されたときは、オランダ中が、オランダの寛容の文化に対する挑戦だと大騒ぎになりました。二〇一〇年には、反イスラム主義者で移民取り締まり強化をアッピールするヘルト・ウィルダース（Geert Wilders）の自由党が地方選、国会議員選で大躍進しました。寛容なオランダでも反移民を支持する国民が徐々に増える傾向にあるようです。

「一緒に暮らそう（living together）」キャンペーン

オランダの基本的で最も重要な価値観の一つが寛容です。政府は移民がオランダの社会的価値観に反しない限り、その伝統的文化をできるだけ尊重しようとしています。移民の融合政策は必ずしも円滑に行っていませんが、オランダでは、フランスやイギリスで起きたような過激な暴動は発生していません。移民のうち約半数はオランダで生まれた第二世代で、第二世代は、第一世代に比べ「オランダ人」という自覚が高いという調査結果があります。

二〇〇七年に発足した第四次バルケネンデ政権は、価値観の違いを認め合って、「一緒に暮らそう、（Living together）」と国民の融合を呼びかける政策スローガンを作りました。二〇〇七年から、その融合策を具体的に進めるため、オランダに住む外国人（駐在員などは除く）に市民化（オランダ語とオランダ文化の習得）が義務付けられました。ハイクラス・ワーカー（知識労働者）の移民の受け入れも促進することになりました。

オランダは、移民政策においても、他国に先んじて新たなリーダーシップを発揮しようとしています。移民問題はまだ解決途上ですが、オランダが上手く移民融合政策を実行し、この分野で範を示せば、同じような移民政策が欧州諸国に拡がることが期待されます。

7　オランダにもある教育現場の荒廃

日本では、「子供に合った学校が選べ、子供の自主性を尊重する教育が行われ、学力が高く、語学に堪能な国際人を育てる」オランダの教育の優れた面がしばしば紹介されます。そのオランダにも時代と共に教育の荒廃が忍び寄っています。

荒れる学校

二〇〇四年、日本の高校にあたる職業訓練校で一七歳の生徒（トルコ系移民の子）が教師を射殺し、オランダ社会に大きな衝撃を与えました。少年がトルコ系だったことから議論も沸騰し、教育大臣は「学校の現状は想像以上にひどい。」と教育現場の荒廃を認めました。当時の教員組合の調査で次のようなことが明らかになりました(7)。

・大学を除く各学校で、六五％の教師が子供にののしられた経験がある。
・職員室や教室は安全だが、校内の駐輪場が最も危険で、子供に襲われる危険性があると教師が考えている。
・職業訓練校（中高校に相当）の生徒の三分の一が「学校は危険な場所」と考えている。
教師の職業的魅力が失墜し、教師のなり手がいないとの報道もありました。親も学校教育に厳しい見方をしています。子供を小、中、高等学校に通わせている親の約半数が教育に満足していません。一般的にオランダでは子供の主体性を尊重する自由な教育が行われていますが、これに対し八〇％の親がもっと厳しく正義感のある教師を望んでいます。

教育の荒廃の背景（ブラックスクール、ホワイトスクール）

オランダでは、いかなる宗派や信条であろうと、市民団体は学校を設立でき、国から公立学校と同じ補助金がもらえます。学費負担が同じなので、親は多数の選択肢の中から自由に子供に合った学校を選べます。これは、オランダの学校制度の優れた点として諸外国から高い評価を得てきました。

移民の増加とともに、「学校選択の自由」の否定的側面が現れるようになってきました。学校は自由に選べるので、一つの学校に同じ社会環境の子供が集中する傾向が強く、オランダ人と移民との間に学校選択による分離が起き始めているのです。

移民は、一般に、所得レベルが低く、どうしても都市部の住宅事情の悪い地域に集中して住みます。このためその地域の学校には移民の子弟が集中します。都市部では歴史あるキリスト教系学校ですら、八～九割が移民の子供という現象が起きています。都市部の移民居住区では、学校のドーナツ化現象が生じ移民ばかりの学校（ブラックスクール）とそのまわりにオランダ人ばかりの学校（ホワイトスクー

分野	成績の順位 高い←　　→低い
科学的リテラシー	日本＞**オランダ**＞ドイツ＞フランス＞イギリス＞アメリカ
読解力	日本＞**オランダ**＞ドイツ＞フランス＞イギリス＞アメリカ
数学的リテラシー	日本＞ドイツ＞**オランダ**＞イギリス＞フランス＞アメリカ

図表 11-2　オランダの学力国際比較（15 歳児童、対象 67 ヵ国、2012 年）[(8)]

ル）ができています。貧困家庭や移民の多い大都市の学校が荒廃し出しているのです。

注目される今後の対応

オランダ人は、ユダヤ人をはじめとして価値観の違う人々を受け入れ、彼らと融合して成功してきた長い歴史がありますので、教育問題も時間はかかるかもしれませんが、オランダ人の寛容の精神で解決策を見出すことでしょう。

現にオランダで教育を受け、社会に適応し、様々な分野で活躍している移民は少なくありません。こうした人々の増加は、移民の社会的地位を高めるでしょう。

移民に伴う問題は、「移民に貧困が多い」ためということも否めません。移民の「オランダ市民化」が浸透し、融合が進んで就業機会が増えれば貧困の改善が図れるでしょう。

教育の荒廃に、政府はこれといった決め手を打ち出していませんが、「寛容」を最大の価値観とし柔軟で現実的な発想をする彼らが、教育の荒廃についてこれからどのような対応をするのか大変興味深いものがあります。

教育現場の一部に問題はありますが、オランダの子供たちの学力は、西欧諸国の中ではトップクラスにあり、オランダの教育が成果を上げていることは間違いありません（図表11―2）。

8 びっくり仰天オランダ流

オランダで生活していると、日本では想像できないようなオランダ流にしばしば驚かされることがあります。そのいくつかを紹介しましょう。

結婚しないカップルの増加

二〇一二年に現職のサルコジを破ってフランスの大統領に就任したオランドは、正式な婚姻関係にない女性と同居していると選挙後に報じられ日本人を驚かせました。社会的に重要なポストにいる人が、婚姻せずに同居していることに対して日本人はまだ違和感がありますが、オランダでもフランス同様、正式な結婚をせずにパートナー関係で同居する男女が、正式な夫婦同様に堂々と市民権を得ています。正式なパーティの招待状には、必ず配偶者かパートナー同伴と書いてあり、パートナーを伴って公の席に出席するのが当たり前のことになっています。正式な婚姻関係でない同棲や内縁関係を人前で言うのは憚られる日本とはかなり違います。

国名	非嫡出子（%）	事実婚・同棲割合（女性、%）		
		20～24歳	25～29歳	30～39歳
オランダ	31.3	57	33	14
フランス	44.3	63	33	16
スウェーデン	56.0	77	43	33
オーストリア	35.3	64	30	12
フィンランド	40.0	61	34	18

図表 11-3　欧米の非嫡出子割合と事実婚・同棲割合[9]

二〇代前半、二〇代後半、三〇代と年齢が上がるにつれ、パートナーの比率は下がっていきますので、オランダではパートナー関係を経験して（場合によっては複数回）、一緒にやっていけると確認したうえで正式な婚姻関係に至るのが一般的コースだといえるでしょう。同居するに際しては、財産の権利に関する契約書を作り、たとえ別れることになっても、もめごとがないように予め準備しておくのが普通のようです。法的にパートナーの位置づけもしっかりしており、パートナー関係である旨を役所に届ければ、養子をもらうことができるなどほぼ結婚に準じた扱いを法的に受けられます。

パートナー関係は、他の西欧諸国でも一般的な傾向になっています。この傾向に伴い正式な婚姻関係にない母親から生まれる子供が（非嫡出子）、オランダでは、三一・三％、スウェーデンでは五六％もいます（**図表11―3**）。一人目の子供は母親が結婚していない場合が多いのに対して、二人目からは既婚率が高くなっているのもうなずけます。オランダでは新生児の母親うち一〇人に一人はシングルマザーです。この現象は女性の経済的自立と深い関係があると思われますので、日本にもこの変化の波は遅かれ早かれやってくると覚悟しておいた方がよさそうです。

混浴が当たり前のサウナ

オランダのサウナは男女混浴です。オランダ人女性は平気で混浴サウナに来ます。サウナ内では水着の着用は禁止で、汗が床板に直接落ちないように自分のタオルは身にまとわず床に敷くルールになっていますので、当然みんな全裸です。サウナでは、女性も男性もあおむけに寝そべってくつろぐのが好きですので、最初は大変戸惑います。オランダに限らず、ドイツの温泉のサウナやオーストリアのホテルのサウナでも同様な経験をしましたので、北ヨーロッパの共通の慣習のようです。

誕生日には本人がケーキを配る

オランダでは日本とは反対で、誕生日を迎えた本人から親しい人々にバースデーケーキをプレゼントします。「今年も無事に誕生日を迎えました、みなさんのおかげです、感謝します。」ということなのでしょう。私もオランダ流に誕生日には、職場のみんなにショートケーキを配りました。実際に自分でやってみて、職場が和みよい雰囲気になりますので、意外に良い習慣だなと納得しました。人一倍家族思いのオランダ人は、家族の誕生日を非常に大事にします。家の一年間のカレンダーには、はっきり誰の誕生日か分かるようにしっかり印がつけられ、その日は家族全員で祝います。

国王誕生日は国中が露店市に

国王誕生日の運河パレード　提供：日通・内山氏

誕生日といえば、四月二七日の国王誕生日は、オランダ人が国を挙げてお祝いをします。季節もよく、もちろん休日なので、大勢が街に繰り出し、国中が盛大なお祭り騒ぎになります。ほとんどの人々が、王室のシンボルカラーのオレンジ色のTシャツを着て、目抜き通りや広場に繰り出しますので、街はオレンジ色一色に染まり大変な盛り上がりになります。

この日ばかりは、国中でフリーマーケットが許され、誰でも路上や公園で物を販売したり、パフォーマンスを披露して稼いだりできます。いらなくなった中古品をお金に換える絶好のチャンスになります。子供たちも、使い古しのおもちゃを売ったり、得意な楽器を演奏してチップを稼いだりします。日本人駐在員家族などの外国人も含め、老若男女を問わず住民が総出で朝早くからフリーマーケットを一日中楽しむことができます。

オランダ国民は、王室に心から敬意と親近感を抱いています。一七世紀に長い戦争の末、オランダの独立をスペインから勝ちとったのは今の王室です。またアレキサンダー現国王の祖母、ユリアナ女王は、第二次世界大戦中にドイツの占領下にあったオランダ国民を亡命先のイギリスからラジオ放送で励まし続けました。そのため戦後、イギリスから戻った王室と国民の距離は一層近いものになったそうです。

王室一家は、国王誕生日には毎年違う街を訪れ、街路を散歩しながら市民と直接触れ合い、市民から誕生日の祝福を受けます。こうした王室の国民にとけ込もうとする姿勢が、国民の王室に対する親近感と敬愛の情を一層確かなものにしているように見えました。

サンタクロースはオランダが本家？

クリスマスにはプレゼントがもらえるので、世界中の子供たちの心が躍るのが一二月です。ところが、オランダの子供たちは、一二月二四日のクリスマス・イヴよりもずっと早い一二月五日の夜を楽しみにしています。その訳は、一二月五日の夜に、聖者シンタクラース（Sinterklaas、セント・ニコラス Saint Nicolas とも言う）から、良い子にプレゼントが届けられるからです。彼らの大切な聖者シンタクラースの聖なる祝祭日は一二月六日で、プレゼントはその前夜に良い子の家にだけこっそり届けられることになっています。

聖者シンタクラースは、一一月の第三週にスペインから蒸気船でオランダにやってきますが、その上陸の様子はテレビで毎年必ず生中継され、シンタクロースに対する国民の関心がこれ以降一気に高まります。聖者の上陸地点が毎年変わるのも、国民の関心をそらさない工夫かも知れません。オランダ上陸後は、プレゼントを配る一二月五日の夜までの間、学校や、病院、ショッピングセンターなどを回り、シンタクラース・デイに向けて雰囲気を盛り上げます。

オランダのシンタクラースは船でやってくる
提供：日通・内山氏

「子供達と船乗りの守護聖人」シンタクラース
wikipedia, public domain

シンタクラースはサンタクロース（Santa Claus）同様、赤いマントを羽織っていますが、その出で立ちはなかなか豪華で、裕福なオランダを象徴するかのようです。サンタクロースとの最も目立つ違いは、聖者がトナカイのそりではなく、白馬にまたがって家々を移動することです。シンタクラースに対するオランダ人の思い入れが強いのは、シンタクラースが彼らにとって特別な聖人だからです。この聖人は、「子供達の守護聖人」であると同時に、アムステルダム市およびオランダの発展を支えてきた「船乗りの守護聖人」なのです。

クリスマス・イブに来るサンタクロースは、アメリカに移住したオランダ人がシンタクラースをお祝いしたのが始まりで、その後アメリカ中に広まってサンタクロースになり、クリスマスのシンボルになったといわれています。いわばオランダはサンタクロースの生みの親です。オランダでは、一二月二五日のクリスマスは家族で過ごし、プレゼント交換はしますが、サンタクロースからプレゼントをもらうことはありません。

花火の炸裂で明ける新年

除夜の鐘を聞きながら、静かな気持ちで新年を迎えるのが日本の伝統ですが、街中で花火を打ち上げ、花火の閃光と炸裂音と硝煙で気分を盛り上げて新年を迎えるのがオランダ流です。元旦の〇時から三〇分間ぐらい、至る所で花火が打ち上げられ、街中が花火の光と音と臭いに包まれます。仕掛け花火のような業者が手掛ける大掛かりなものではなく、それぞれの家庭が自分で手配し、自分たちで打ち上げられるものを使います。

ロケット式の打ち上げ花火がほとんどなので結構な高さで炸裂し、遠くからでもよく見えますので、五階の我が家から見た新年の花火の様子はなかなか壮観な眺めでした。新年に各家庭で花火を打ち上げる習慣は、隣国のドイツでは一段と盛んです。勇猛果敢なゲルマンの血が、ある意味荒々しい新年の行事を生んでいるのかもしれません。

首相も自転車出勤する自転車王国

オランダは、世界でも有名な自転車天国です。つい最近の『エコノミスト』にオランダのルッテ首相が自転車で出勤する写真が掲載されていました。土地が平坦で自転車の利用に適した地形なので、自転車は国民に人気があり、通勤、通学、買い物などの交通手段として大きな役割を占めています。郊外ではサイクリングを楽しむ姿もよく目にします。

保有台数は人口一七〇〇万人を上回る一八〇〇万台で、国民は一人当たり平均一・一台の自転車を所有している勘定になります。自転車関連のインフラは大変充実していて、国民の誰もが安全で快適なサイクリングができるよう、非常に整備された自転車だけの専用道路が国中に網の目のように張りめぐらされ、その距離は一六〇〇〇キロに達します。

自転車は「交通混雑の緩和になる、排気ガスも騒音もない、健康に良い」との理由で、中央政府と地方政府ともに積極的に普及を後押ししており、インフラを整備するだけでなく、通勤、通学などに自転車を使うよう奨励しています。通勤に自転車を使う場合には、減税措置がありますし、会社によっては通勤用に社有自転車を従業員に貸出すところもあります。通勤、通学に便利なように、各駅には広い駐輪場が整備され、列車には自転車用のスペースもあります。自転車を列車に持ち込む人も良く見かけますが、残念ながら組み立て式自転車以外は有料で、一日当たり六ユーロかかります。

自転車専用レーンが整備され、安全に走れるためでしょう、ヘルメットをかぶっている人はまず見

海辺のサイクリング　提供：日通・内山氏

いたる所に駐輪される自転車

かけませんでした。彼らは、自転車は専用レーンを何の障害もなしに走ることに慣れているので、オランダに慣れていない旅行者などがうっかり専用レーンに入り込もうものなら、俺たちの邪魔をするなとばかり「どけ、どけ」と大声で怒鳴られる羽目になります。日本で見かけないような風変わりな自転車もよく目にします。自転車の前に二輪の箱車をつけて、二、三人の子供を乗せる家族用ものから、二人から六人ぐらいが一緒にペダルをこぐレジャー用のものまで、自転車を生活でも遊びでもフルに利用しています。

不名誉なことにオランダは、自転車泥棒天国でも有名で、毎年七五万台が盗難にあいます。オランダの自転車の価格が、平均五七九ユーロとかなり高価なことも一因でしょう。アムステルダムのような大都会では、至る所で所狭しとばかり置かれた自転車を目にしますが、盗難予防のためどれも重々しい頑丈なカギを二重にかけています。日本のつもりで簡単なカギだけにしておくのは、どうか盗んでくださいと言っているようなものです

オランダは自転車の生産にも力を入れており、ヨーロッパの自転車の三〇％以上をオランダが生産しています。[10]

オランダ人の身長は世界一

オランダ人の身長は世界一です。男性の平均身長は一八三・三センチ、女性のそれは一七〇・七センチで、一九五〇年以来、男性は一六センチ、女性は一四センチも身長が伸びましたが、最近の伸びはスローダウンしています。[11]日本人の平均身長は男性が一七一・五センチ、女性が一五八・三センチ[12]で

東京オリンピック柔道無差別級優勝者、巨体のオランダ人、ヘーシンク
wikipedia, Author Nationaal Archief/Anefo/Jac. de Nijs, via Nationaal Archief

すので、彼らとは平均で一〇センチ以上の差がありますが、日本人も戦後に男女とも一〇センチ以上伸びています。オランダ人男性も一九世紀には平均身長が一六五センチだったそうですから、当時は今の日本人より低かったわけです。その後の生活環境や食生活の大きな改善が身長の伸びにつながっているとみるべきでしょう。彼らは、チーズや牛乳などの乳製品をたくさん摂取しますので、それも一因かもしれません。

オランダ人は、自分たちの背が高い理由をジョークでよくこういいます。

「土地が低いオランダはいつ洪水になるかわからないだろう。だから、堤防が切れて洪水になった時にそなえて、水面から顔を出して生き延びられるように、みんな背が伸びたのさ。ダーウィンの適者生存原理だよ！」。

オランダならではのよくできたジョークですね。

大男の国オランダへ行くと困ることがあります。私は身長一六五センチと日本人の中でも低い方ですので、初めてオランダの男性の小便用の便器に接した時には、その位置の高さに彼我の身長の違いを身に染みて感じたものです。

自立する老人たち

オランダは高齢者が自立した社会です。退職後の年金制度が充実しており、経済的な不安はありません。もともと独立不羈の国民性なので「自分ができることは、自分でやる」との生活信条を持っています。「一人暮らしはしているが、子供の邪魔をしてまで世話をしてもらいたくないし、一人暮らしの方が自分のために良い」との考えが一般的で、子供や孫から適度な距離を置き、プライバシーを大事にして生活するのが彼らの老後です。結果的に、一八歳以上の子供と同居している親の割合が世界で最も低くなっていますが、だからといって傍らで想像するような、惨めさ、暗さ、寂しさといったものは全くありません。

自立を好むからといって、決して家族への愛情が希薄なわけではなく、どんなに離れていても家族への意識は非常に強いものがあり、誕生日やクリスマスだけではなく、週末や休暇を含めて家族の交流は著しいと、長年オランダに住む後藤猛氏はレポートしています。

街の至る所で、歩行補助用カートを押したり、電動車椅子や電動カートに乗って買い物を楽しむ老人の姿を見かけます。体は不自由でも、補助具を使いながら気楽に外出をする彼らの姿はオランダの高齢者の自立の象徴といってよいでしょう。

「高齢者といえども社会で活動する主体であり、他の世代と共に学びつつ成長する存在で未来への可能性を持っている。高齢者には知恵と経験を次世代に伝えるという積極的な役割もある。」オランダの自立した老人たちはそんなことを教えている気がします。

「独立の気力なきものは必ず人を頼る。頼るものは人を恐れ、恐れるものは人にへつらう」と福沢諭吉は言いましたが、これはオランダでは、老人にすら当てはまりそうもありません。

家の中をさらけ出すのが流儀

オランダ人の家は、窓が大きく、いつも窓ガラスはピカピカに磨き上げられており、カーテンが開け放たれているので、どの家庭も家の中の様子が外からよく見えるようになっています。もともと整理整頓、きれい好きの国民なので家の中も掃除が行き届き、特にオランダの家庭の台所はきれいで有名なくらいですから、覗かれても恥ずかしいことは何もないということなのでしょうか。アムステルダムだけでなく、地方の町に行ってもどこの家でも同じようにしています。家の中を外から見えるようにしているのは、「我が家は誰に見てもらってもやましいことは何もないよ」と近所にアピールするためだと読んだ記憶がありますが、それにしても自主独立でプライバシーを大事にするオランダにしては不思議な習慣です。

家の周りにも花が一年を通じて咲くように工夫されていますので、磨き上げられた大きな窓を持つ家々の姿と相俟って素敵な感じの良いオランダならではの住宅地の景観を作り出しています。

引っ越し荷物が運べない狭くて急な階段

オランダの都市部には、ウナギの寝床のように正面が狭く奥行きが長い歴史ある住宅がぎっしりと立ち並んでいます。このような住宅ができたのは、建設当時に正面の間口の幅で課税されたため、税金をできるだけ払わないで済まそうとした結果だと言います。幅が狭く高さが三、四階ある典型的なオランダの古い建物は、狭く急な階段しかありません。この建物をホテルにしているところもありますが、旅行者は狭くて急な階段を、旅行バッグを持って上がるのに難儀するほど、この階段は不便です。

家具などの大きい荷物は到底、階段から持ち上げることはできません。そのため、このような住宅の正面の屋根からは、荷物を釣り上げるために、フックの付いた太い棒が水平方向に突き出ています。家具などの大きな、あるいは重い荷物は、この棒からロープをおろして吊り上げ、必要な階まで持ち上げ、窓から運び入れるのです。結構人手もかかります。オランダのような豊かな国が、古い建物と景観を守るため、未だに昔ながらの手間のかかるのどかな方法を続けていることに、この国のゆとりを感じます

アムステルダムの運河沿いに立ち並ぶ歴史ある建物からはいずれも運河方向にフックが出ていますので、運河に横付けされた船から荷物が直接それらの建物に吊り上げられて運び込まれたことが分かり、一七世紀の黄金時代の様子がしのばれます。

ニシンは今でも大好物

ニシン漁がオランダ発展の起爆剤だったことを前に紹介しましたが、今でもニシンはオランダ人にとって特別な食べ物です。六月初旬に解禁されると、初物は早速王室に届けられます。魚屋には、さっと塩漬けした三枚おろしの脂ののったニシンが並べられ、これを、刻んだ玉ねぎをまぶし尻尾を

摘み上げて生で口に流し込むのがオランダ流の食べ方です。独特のスタイルでニシンを食べるオランダ人の姿は、この時期の風物詩です。彼らの大好物だけに、サンドイッチにもよくはさんで食べます。ニシンの燻製も人気があり、年中スーパーに並べられていて、これはビールのおつまみによく合いました。

浅い塩味の生ニシンがこんなにおいしいとは、オランダで食べるまで知りませんでした。アムステルダムのホテルオークラのレストラン山里で食べたニシンの焼き魚も、鮮度の高いせいでしょうか、大変おいしく、新たな発見でした。帰国後、北海道料理のお店でニシンの焼き魚を何度か食べてみましたが、残念ながらオランダのニシンのおいしさにははるかに及びません。なぜかその理由は分かりませんが、もう少しおいしく調理する工夫があってもいいように思います。

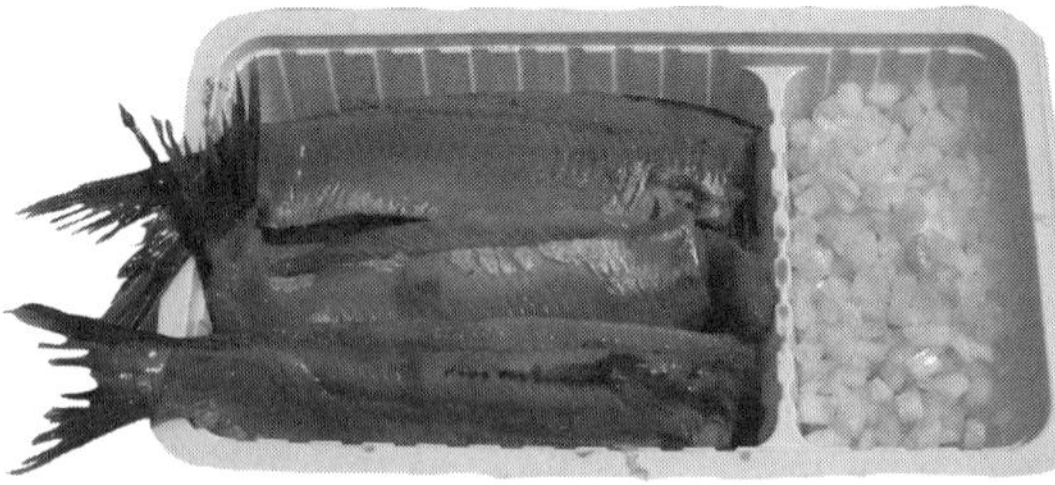

オランダ人の大好物、生ニシン
提供：日通・内山氏

控えめなお金持ち

政治家や経営者など権力ある人は偉そうにせず、金持ちは質素に目立たないようにするのがオランダ流です。彼らは「社会で高い地位にあっても、それを分かるように自慢すべきではない。金持ちの物質的贅沢と目立つ行動はいずれも評価されない。」と言います。金持ちや有名人は目立たないようにしています。オランダ人の服装は質素なことで有名ですが、背景にはこうした価値観があるからです。

よい家庭人で平均的な消費者だとの公の印象は、大金持ちが周りの社会に受け入れてもらえる助けになると考えられています。権威や例外的な才能を持つ人は、行動を通じて、謙虚で、親しみやすく、民主的であることを明確にしなければならないと考えられています。事実、私が知り合いになった高い地位にある人は、おしなべて微笑みを絶やさず温和でジェントルマンの印象がありました。蘭日貿易連盟（DUJAT）でたくさんのオランダ人経営者と付き合いましたが、富と権力を見せびらかさず、注意して取り扱う彼らの姿から、背後にあるゆとりと自信がにじみ出ているように感じられたものです。彼らは穏やかな微笑みを絶やさず、オランダ紳士の典型でした。

列車のトイレは垂れ流し

箱庭のように美しい景観を誇るオランダに、日本人がぎょっとする不潔なことが平気でまかり通っています。列車のトイレは、日本のように少量の水と真空で汚物を流しタンクに貯留する方式ではなく、排せつ物を直接列車の外に出す「垂れ流し」式なのです。便器のカバーを開けると、底に穴が開いていて、レールが見えるのです。冬場などの寒い時期には下から冷たい風が吹き上げてくるのを覚悟しなければなりません。日本ではすっかり姿を消したこの方式が、オランダでは、今でもほとんどの列車に用いられています。これはイタリアでもスペインでも清潔好きのドイツの列車でも同じでしたので、ヨーロッパでは未だに一般的に受け入れられているのでしょう。さすがに国境を越えて各国間を走る高速鉄道のトイレは、新幹線並みに安心して用事ができる設備でした。なぜ「垂れ流し方式」がヨーロッパで未だに市民権を持っているのか、その理由はよく分かりません。

順位	国名
1	アメリカ
2	ロシア
3	フランス
4	イギリス
5	ドイツ
6	スペイン
7	中国
8	イスラエル
9	イタリア
10	ウクライナ
11	**オランダ**
12	スウェーデン

図表 11-4　武器輸出国上位国[14]

武器の輸出大国

オランダがインドネシアに駆逐艦を輸出するとの記事を見て、武器輸出とは無縁そうな平和を愛する国が、そのようなことをするのかと意外に思ったことがあります。調べてみると、オランダは武器輸出も盛んに行なっています。年によって変動はありますが、世界で一〇位前後の武器輸出国です（**図表11―4**）。環境保護に熱心で、のどかで平和な国とのイメージがあるだけに、この数字には戸惑います。金儲けには人一倍熱心なオランダ人なので、武器であろうが何であろうが非合法でなければ金を儲けるのは当たり前、との論理でしょう。

スペインから独立するために八〇年戦争を戦っていた時に、アムステルダムの商人は、敵国スペインに武器を売却し、これを国内から非難されると、「取引は、商人の権利で、自由だ。」と反論し、武器輸出を続けたといいます。この事例が端的に示すように、もともとオランダ人は、金儲けに人一倍執着があり、それが今でも彼らの国民性の一部になっていることは間違いありません。

武器輸出が盛んなオランダで見学した潜水艦

オランダと対照的に、日本は武器輸出三原則を掲げ、世界平和のために武器輸出を厳しく自己規制しています。あまり知られていませんが、日本のその努力は、しかるべきところではしっかり評価されており、イギリスの研究所による平和度指数では日本は一六二ヵ国中毎年一〇位以内と最上位クラスにランキングされています。[13] オランダのような国際法を大事にし、平和的イメージの強い、人材が豊富な国こそ、武器輸出禁止のリードをしてほしいものです。

第12章　金儲けは大切だが、芸術は永遠だ

オランダは、今まで紹介してきたように、私たちが見習いたいと思う点がたくさんある豊かで、成熟した大人の国ですが、不思議なことに、自分たちの国や文化を誇らしげに誇示するようなオランダ人に会ったことはありません。こんなに繁栄している国なのに、政府の高官も経営者もよく「オランダは小国だから」という言い方をします。オランダ人は、世界に気持ち良く受け入れてもらうために、愛国主義を振りかざすのは問題外で、むしろ絶えず自国を小さく見せるようにしていると言われます。「真のお金持ちは控えめに振る舞う」……富裕国オランダを知れば知るほど、彼らに対してそのような印象が強くなります。

芸術についても、彼らは声高に誇るようなことはしませんが、豊かな果実をたくさん実らせてきた国です。国内には数多くの立派な美術館があり、国民や旅行者が気軽に一流の作品に接することができます。この国がいかに自分たちの芸術を大切にし、それに密かな誇りと愛情を持っているかが美術

館などを訪れると、問わず語らず伝わってきます。

彼らがよくこう言うのを耳にしました。

「ビジネスは大切だが、芸術は永遠だ」。

これが芸術を愛するオランダ人の本音ではないかと思います。

1　あふれるほどある美術館や博物館

オランダには、美術館や博物館が八七三施設あります。[1] 人口が八倍の日本が一二〇〇施設ですから美術館や博物館の人口当たりの密度は、日本のざっと六倍ある計算になります。このオランダのミュージアム密度は世界最大です。美術館や博物館がこれだけ多いということは、美術品などの文化財を大切にし、多くの国民がそれらに親しめるようにするというオランダ政府の一貫した文化政策の表れと言えるでしょう。

オランダの美術と言えば、すぐに思い浮かぶのは画家ゴッホではないでしょうか。オランダにはゴッホ以外にも著名な画家が少なからずいますので、その紹介から始めましょう。

宗教色のないオランダ絵画

一七世紀、オランダの黄金時代の絵画は、宗教色がないのが特徴です。注文主が主に教会だったイタリアのルネッサンス期の絵画などとはテーマが全く異なり、独特の傾向を持っています。オランダでは、宗教画を好むカソリック教会の力が弱く、商人の勢力が圧倒的に強かったために、商人が注文した作品が多いためです。集団肖像画には羽振りの良かった商人の群像が描かれており、レンブラント（一六〇六〜六九）の「夜警」や「テュルプ博士の解剖学講義」が有名です。司馬遼太郎は『オラン

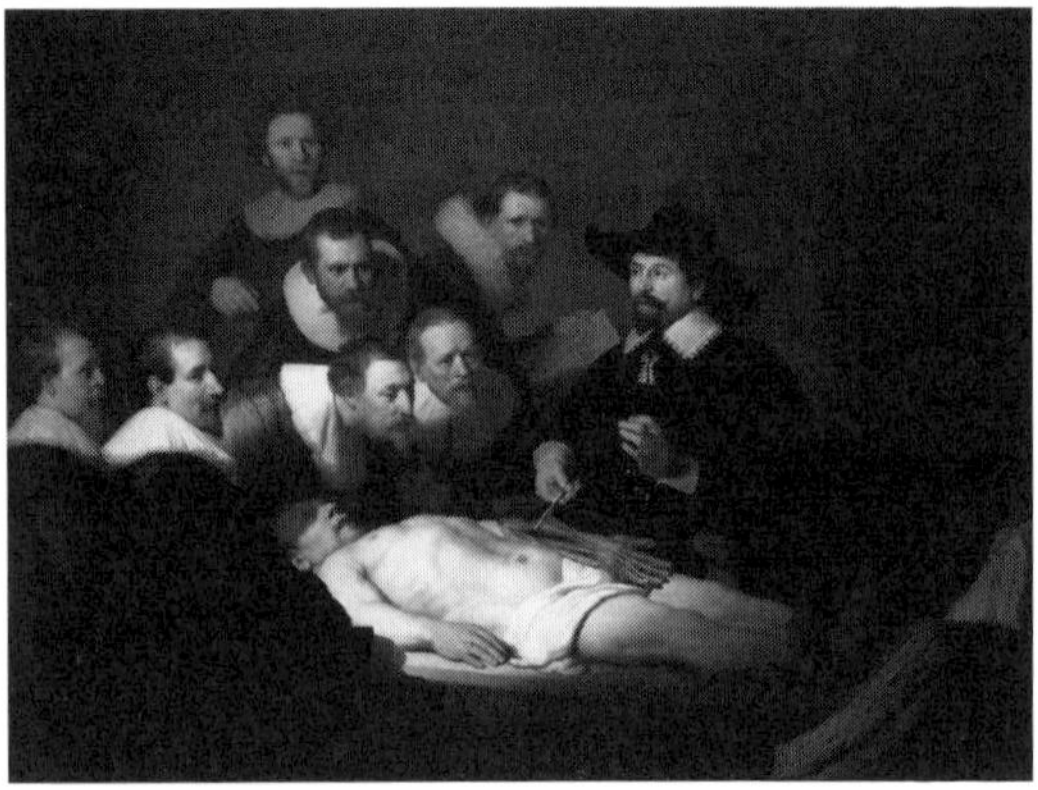

レンブラント「テュルプ博士の解剖学講義」
wikipedia, public domain

フェルメール「真珠の耳飾りの少女」
wikipedia, public domain

ダ紀行』で、集団肖像画について「……そこは割り勘（ダッチアカウント）の国なのである。大勢ならぶことによって画料は一人あたま何分の一かになるということで、こういう形式が流行していたのだろう」と大変面白い解説をしています。

世界的に有名な画家としては、このレンブラントと並び黄金の一七世紀のオランダ美術を代表する画家とされるフェルメール（一六三二〜七五）がいます。静かで平和に満ちた世界を描いた光の詩人と言われ、「真珠の耳飾りの少女」や「牛乳を注ぐ女」などは、日本でもよく知られるようになった作品です。

その他にも同時代に、色彩豊かに人物を描いた社会派フランス・ハルス（一五八〇〜一六六六）、市民の生活や風習を巧みに描いた風俗画家ヤン・ステーン（一六二六〜七九）、オランダの地を美しく描いた風景画家ライスダール（一六二八〜一六八二）、庶民の生活の様子を描いたヘンドリック・アーフェルカンプ（一五八五〜一六三四）など、オランダで評判の高い画家がいますが、日本では余り知名度が高くないようです。

この時代のオランダには、果物や、魚、獣肉などを精密に描写した静物画が多いのも特徴です。多数の静物画専門の画家が輩出し、高度な細密描写を見せる迫真的作品がたくさん残っています。この時代から、静物画が絵画のジャンルの一つとして確立したと言われています。

フランドル絵画という言葉を耳にしたことがあると思いますが、フランドル絵画はオランダ絵画とは区別され、ベルギー北部のオランダ語圏の絵画のことを指します。フランドルは、オランダに先立ち中世にヨーロッパの先進地域として経済が発展し、裕福な地域でしたので芸術家も輩出したのです。

フランドルの画家の中で日本人によく知られているのは、ピーター・ブリューゲル（一五二五～六九）とルーベンス（一五七七～一六四〇）でしょう。ブリューゲルは旧約聖書に題材をとったバベルの塔を何度か描いているほか、当時の生活の様子がよく分かる「農家の婚礼」や「雪中の狩人」などの風俗

ヤン・ステーン「牡蠣を食べる少女」
wikipedia, public domain

ライスダール「ワイク・バイ・ドゥールステーデの風車」
wikipedia, public domain

画を書いた画家です。一七世紀のフランドル絵画には、この地がカソリックを信奉するスペインの支配下にあったために、オランダ絵画と異なり宗教色が残っています。一七世紀に活躍したルーベンスの代表作には、アントワープの聖母大聖堂にある「キリスト降架」「キリスト昇架」「聖母被昇天」などがあります。「キリスト降架」は、名作「フランダースの犬」の最後の場面で主人公のネロが祈りをささげた絵なので、その名前をご存知の方も多いのではないでしょうか。

ルーベンス「聖母被昇天」
wikipedia, public domain

驚いたことにルーベンスの父親は、信じられないような不倫事件を起こしたことで歴史に名を残しています。ルーベンスの父親は、オランダの独立戦争を戦っていた建国の父ウィレム一世の妻と密通し、それが発覚して処刑になって当たり前のところを、度量の広いウィレム一世から許され、釈放されてから六年後に画家ルーベンスが誕生したといいます。(2) ウィレム一世の寛容な処置がなければ、画家ルーベンスが生まれることもなく、「フランダースの犬」のフィナーレも違ったものになっていたでしょう。

オランダの画家と言えば、ゴッホを忘れるわけにはいきません。アムステルダムにはゴッホ美術館があり、他にもゴッホの作品を多数展示しているクレラー・ミュラー美術館が郊外にあります。ゴッホ美術館はアムステルダムの中心にあるミュージアム広場に、国立博物館と並んで建っています。このことからも、オランダ人がゴッホをいかに内心で誇りに思っているかがわかります。ゴッホ美術館の新館は黒川紀章が設計し、損保ジャパンが建設費を寄付して建てられたもので、日蘭友好四〇〇周年を記念して、二〇〇〇年にオープンした日本に大変ゆかりのある建物です。

ゴッホ「夜のカフェテラス」
wikipedia, public domain

黒川紀章設計のゴッホ美術館新館
wikipedia, public domain

所在地	美術館・博物館	主な作品など
アムステルダム	国立博物館	レンブラント「夜警」など
	ゴッホ美術館	ゴッホの作品、新館は黒川紀章設計
	市立美術館	現代美術（新館は帝人がスポンサーで建設）
	海洋博物館	海洋国家オランダを理解するのに欠かせない
ハーグ	マウリッツハウス美術館	レンブラント「テュルプ博士の解剖学講義」、フェルメール「真珠の耳飾りの少女」など
ロッテルダム	ボイマンス美術館	ブリューゲル「バベルの塔」など
デ・ホーフェ・フェルエ国立公園	クレラー・ミュラー美術館	ゴッホ美術館に次いで多くのゴッホ作品を展示、「跳ね橋」「夜のカフェテラス」など
ライデン	シーボルトハウス	江戸時代の日本地図や日本では見ることができなくなった当時の文物など

図表 12-1　オランダの有名な美術館・博物館

国立博物館（アムステルダム）

マウリッツハウス美術館（ハーグ）

訪ねてみたい美術館や博物館

詳しい内容はガイドブックに譲るとして、訪ねてみたい代表的な美術館・博物館の名前を一覧で紹介したのが図表12―1です。

オランダ政府は、市民により多く美術館や博物館に親しんでもらうために、年間パスを発行しています。年間パスは四〇ユーロで購入でき、ほとんどの美術館、博物館で使えるので、経済的で、美術館や博物館めぐりには便利で大変に役に立ちます。

2　世界一になったオランダの交響楽団

バッハやベートーベンのような有名な作曲家がいないため、オランダと音楽は、一見あまり関係なさそうに思いますが、実はオランダは世界最高水準のオーケストラを抱えています。コンセルトヘボウ交響楽団がそれで、この楽団は従来も常に世界の五本の指に入る存在でしたが、二〇〇八年には、イギリスの『グラモフォン』誌で、ウィンフィル、ベルリンフィルを抜いて世界一の評価を得ました。

コンセルトヘボウ交響楽団が本拠地としているのが、アムステルダムのど真ん中、ミュージアム広場にある音楽ホール「コンセルトヘボウ」です。この音楽ホールは、音響の良さが世界最高水準で、ウィーンの楽友協会大ホール、ボストンのシンフォニーホールと並んで世界の三大ホールと言われているほどです。

この最高峰の音楽ホールで演奏される世界一流のオーケストラの演奏を聴きに、意外にもオランダ人は実にくだけたカジュアルな格好で来て、音楽を楽しんでいます。最初は一流のコンサートホールとラフな服装の組み合わせにやや違和感がありましたが、子供から高齢者まで幅広い層の人々が気軽に音楽に親しんでいる様子を見慣れるに従い、格好を気にせずに実質を重んじるオランダらしさにいつの間にか好感が持てるようになりました。

3　世界に大きな影響を与えたオランダ哲学、科学

オランダを代表する人文主義者エラスムス（一四六六〜一五三六）は一六世紀に活躍した人ですが、オランダに哲学や科学が花開いたのは美術と同じように黄金の一七世紀で、傑出した人材を輩出しています。

『痴愚神礼賛』を著した人文学者エラスムス

ロッテルダムにはエラスムス大学があり、また同市のマース川に架かる八〇〇メートルのつり橋はエラスムス大橋と名付けられています。エラスムスを、オランダを代表する人文主義者、哲学者とし

人文学者エラスムス　wikipedia, public domain

哲学者スピノザ　wikipedia, public domain

て長く顕彰したいという思いが強くあるからでしょう。

一六〇〇年に日本に最初に漂着したオランダ船の名前はリーフデ号（リーフデはオランダ語で愛を意味する）ですが、もともとはエラスムス号という船名で、その船尾にはエラスムスの木像が飾られていました。エラスムスが一六世紀当時からオランダ人に尊敬され崇められていた証拠です。その木像は、東京国立博物館に所蔵されています。

エラスムスの代表的な著作で、風刺とユーモアの溢れる『痴愚神礼賛』は、著者の意図を離れて、反カソリック教会的書物として各国で利用されたため、のちにカソリック教会の禁書目録に加えられてしまいましたが、この本は最後まで読み通すと彼が非常に敬虔なキリスト教信者であることがよく分かります。彼の思想は、当時キリスト教世界を二分したプロテスタントとカソリックの双方に大きな影響を与えたと言われます。彼は、宗教改革を主張したマルティン・ルターには批判的で、生涯を通じてカソリック教会に忠実でした。『ユートピア』を著したイギリスの政治家トマス・モアと親交があったことはよく知られています。

『エチカ』を著した哲学者スピノザ

貿易によって国を発展させていく道を選んだオランダには、自由な空気があり、専制君主やキリスト教会によって多くの制約があった周辺国の哲学者や宗教家には、一七世紀黄金時代のオランダはとても魅力ある国だったようです。「近代哲学の父」といわれるデカルト（一五九六〜一六五〇）は、フランス出身ですが、二〇年間もオランダに住んでいました。彼がオランダに与えた影響は大きく、オランダ最大の哲学者、スピノザ（一六三二〜七七）はその流れをくみます。

スピノザは、合理主義的哲学者として知られ、ドイツ観念哲学やフランス現代思想に大きな影響を与えたと言われています。スピノザおよびその代表作『エチカ』に関する研究書は、「一図書館を充たすほど多い」といわれることからも、その影響力の大きさを窺うことができます。「エチカ」は、哲学古典中の傑作に属すると評価されており、彼は、この本の中で、幾何学の証明のように厳密な公理や定義の積み重ねによって神の存在を明らかにしようと試みました。この『エチカ』はかなり難解な本で、私も挑戦してみましたが、入り口で歯が立たずあきらめてしまいました。彼の肖像画は、統一通貨ユーロになる前のオランダの一〇〇〇ギルダー紙幣に印刷されており、オランダ人のこの哲学者に対する尊敬の念が窺えます。

「微生物学の父」レーウェンフック
wikipedia, public domain

4 ヨーロッパに衝撃を与えた告発文学

この時代には、「国際法の父」と言われるグロティウス（一五八三〜一六四五）も活躍しましたが、彼については前に紹介しました。

「微生物学の父」レーウェンフック

一七世紀、黄金時代のオランダは、科学の分野でも傑出した発明や発見をしています。レーウェンフック（一六三二〜一七二三）は独創的な顕微鏡を考案し、歴史上初めて微生物を観察し「微生物学の父」と称されています。ホイヘンス（一六二九〜九五）は屈折望遠鏡を発明しました。大航海時代のオランダでは、航海技術を向上させるために、光学技術の進歩が促されたのです。哲学者のスピノザも生計はレンズ磨きで立てていました。このような伝統を引き継ぎ、光学技術を応用した産業は、今でもオランダが得意とする分野になっています。なお、屈折望遠鏡を発明したホイヘンスは、振り子時計も発明しました。

オランダ文学は、あまり日本に紹介されていません。オランダを代表する小説として二つの作品が、アムステルダムの日本人学校のテキスト『私たちのオランダ』で紹介されています。いずれもオランダ社会に問題を投げかけ大きな話題を呼んだ作品として注目されているものです。以下にその二つの作品を紹介しますが、オランダに関する理解を深めるのに、いずれも役に立つ小説です。

植民地政策を告発した『マックス・ハーフェラール』

オランダの植民地だったインドネシアにおける過酷な搾取の実態を内部告発して、ヨーロッパ中に大センセーションを巻き起こした小説がムルタトゥーリ（一八二〇～八七）の『マックス・ハーフェラール』です。著者は、インドネシアに副理事官として派遣され、オランダによる厳しい支配のために苦しむ原住民の姿を目の当たりにします。帰国後に彼は自分の体験をもとに、インドネシア植民地で搾取に苦しむ原住民の姿をありのままに描きました。植民地の過酷な実態を取り上げたこの作品は、オランダ社会に大変な衝撃を与えるとともに、ヨーロッパ全体にも多くの問題を投げかけました。この小説は、オランダでは国民文学として読み継がれ、知らない人はいない古典中の古典と言われています。

現地の過酷な実態をさらけ出したこの小説は、加害国の宗主国で書かれ、植民地支配のあり方に警鐘を鳴らしたことに大きな意義があります。この小説は、その後の植民地政策に少なからず圧力になったと言います。

興味深いことに、支配された側のインドネシア人は、この小説を評価していません。なぜなら、生殺与奪の権利を一握りのオランダ人に握られ、過酷な異民族支配が罷り通り、一八四八年までは焼印を押すことすらなされるなど、植民地支配の現実は、この小説に書いてある程度の生易しいものではなかったからだそうです。

苦しい漁民をテーマにした『漁船天祐丸』

もう一つの代表的な作品は、ハイエルマンス（一八六四～一九二四）の書いた『漁船天祐丸』という脚本です。遭難の危険があるにもかかわらず、船主からの厳しい命令に従わなければならない、当時の漁民の貧しい生活を浮き彫りにしたこの作品は、社会に問題を投げかけ、人々に感動を与えました。「漁師の女房となったからには、どうせ身内の一人や二人は殺す覚悟でいなくちゃあなりません。……魚は私達の仇ですよ。」という劇中のセリフが示すように、この脚本の舞台になった一九世紀末においてすら、北海での漁業は大変リスクの高いものだったことがこの作品からはよく伝わってきます。

この小説の舞台より時代をさかのぼること三〇〇～四〇〇年前、ニシン漁が最も盛んだった一五、一六世紀ころの出漁はもっとリスクが高く、命がけに近かったことでしょう。そのリスクの高かったニシン漁の試練こそが、オランダの航海技術と造船技術を育て、オランダの海運業と造船業の競争力を高め、海洋国家オランダが生まれる起爆剤になったという歴史は第2章で紹介したとおりです。

第13章　一歩先を行くオランダから何を学ぶか

オランダは、様々な分野で先進的な取り組みをしています。「オランダはヨーロッパの中で一歩先を歩いている」と駐在中によく耳にしました。オランダは、日本に多くのことを示唆してやまない国です。そのオランダから日本は何を学ぶかについて最後にまとめてみましょう。

1　競争力強化への国をあげての取り組み

第一に挙げたいのは、国ぐるみのビジネスマインドです。「小国オランダが豊かであり続けるためには、強い経済競争力を持つことが欠かせない」という方針が官民にしっかり共有され、これを実現するために官民が足並みをそろえて先進的な取り組みをしているのがオランダです。

政府は、第5章、第7章で紹介したように、自国の経営者の意見だけでなく、外国の商工会議所の意見も積極的に取り入れながら、国の経済競争力を高めるため、経済インフラの一層の強化、外資の誘致、法人税の減税、社会経済改革などに率先して取り組んでいます。大臣たちのフットワークも軽く、ビジネスの現場によく顔を出します。彼らは、オランダが持っている強みをさらに強化するために努力の手を緩めません。

一方、株式会社発祥の伝統を持つ企業経営者の側は、第6章で紹介したように、資本を最大限に生かすため、好不況にかかわらず、事業構造の見直しを行い、グローバルに生き残っていくための戦略を大胆に、迅速に取っています。グローバルなプレゼンスを持つ会社が多いことや労働生産性が高いのはその成果です。

さらに加えて、オランダ人は語学に堪能で、国境を意識せず世界中で活躍するコスモポリタンです。はるか昔から、オランダ人にとって世界はチャンスに満ち溢れており、オランダ人は世界中の舞台で活躍してきました。オランダの経済力と繁栄はこのコスモポリタン的国民性を抜きには考えられないことは、第4章で見たとおりです。

政府、企業、コスモポリタン的国民の三者が、ベクトルを合わせ、国を挙げて経済競争力強化に取り組み、強い経済を持つ豊かな国を作っているのがオランダです。

日本では二〇一〇年代になって官民一体となって経済競争力の再強化を図る動きが出てきています。経済のグロバリゼーションの中で成果を上げているオランダの取り組みは、日本にとって進路を指し示す羅針盤と言えるでしょう。

2 「変化こそ力の源泉」のダッチ・スピリット

第2章で紹介したように、オランダ人は進取な気性に富み、変化を恐れず、変化に挑戦し、豊かな国を築いてきた長い歴史を持ちます。国内では、干拓と干拓地の維持のために絶間なく水と戦い、不毛の地を肥沃な国土に変えてきました。海外では、貿易と探検の航海に果敢に挑み、貿易国家、海洋国家として莫大な富を蓄積してきました。変化を恐れず、変化をチャンスと見る姿勢はオランダ人に深く根付いています。

国民が敬愛してやまなかったベアトリックス前女王は、二〇〇〇年代に国会の施政方針演説（Speech from the throne）で何度か国内外の変化を踏まえ、オランダ国民に変化を恐れずこれに対応するよう呼び掛け、率先して国民を鼓舞しました。

「オランダの力は、変化する環境に力を合わせて対応する能力にある。今オランダ人の力が試されている」（二〇〇五年）

「変化こそ力の源泉になる。変化と革新への我々の能力は未来の成功に欠かせない。」（二〇〇七年）

ベアトリックス前女王のこのようなメッセージは、オランダ国民に変化に果敢に挑戦してきたオランダの歴史と伝統を思い起こさせたに違いありません。

オランダでは国も企業も変化に戦略的に対応しています。その対応のスピードも速いのです。大国がひしめくヨーロッパにあって、小国オランダが競争力を持ち、国も企業も繁栄するためには、変化を先取りする必要があることをオランダ人は理屈以上に肌で感じています。進取な気性は今でもオランダ人の国民性として生きています。

変化よりは安定を望むのは人の常ですが、国際化が進む変化の激しい時代にあって、島国日本はそのスピードについていけているでしょうか。いったん海外に出て日本を外から見ると日本の変化の遅さが大変気になります。

二〇一二年五月の『エコノミスト』に衝撃を受ける記事が掲載されていました(1)。一人当たりGDPで日本は、購買力平価で計算すると、シンガポールはもちろん、香港、台湾に既に抜かれており、間もなく韓国にも抜かれるという内容です。購買力平価による比較は、物価水準の違いを反映しているので、単純な為替レートによる比較よりも、生活水準を比較するのに最適な方法だといわれています。『エコノミスト』の衝撃的な記事にみられるように、アジアのリーダーと思い込んでいた日本は、今や変化に果敢に挑戦する周辺のアジア諸国にすら追い抜かれつつあります。オランダのように変化をチャンスと前向きにとらえる進取な発想が、日本に今こそ求められています。

3　国民こぞって国際指向

オランダ人の目は、常に世界に向いています。彼らにとって世界はビジネスのチャンスに満ちていて、活躍する舞台であり、富の源泉なのです。また世界は彼らの人生を豊かにする旅行の目的地でもあります。

第4章でオランダ人が多言語に堪能であることを紹介しましたが、その多言語能力がオランダ人の情報量を豊かにし、活躍の舞台を拡大していることは間違いありません。日本国内で発信される日本語の情報だけに頼っていては、世界の動きのほんの一部にしか接することができません。日本人の英語力の向上は、国際化の一層の進展が避けられない以上、国家的課題として本気になって取り組む必要があります。

海外留学の経験がないのに中国には英語の上手い若者が多いといわれます。文法や発音で中国人は日本人より英語になじみやすいのです。日本人は、日本語という独特の言語と島国というハンディキャップをもつだけに、語学習得に中国人など以上に、一段の努力をする必要があります。

ベアトリックス前女王も後継者のアレキサンダー国王も、その国会の施政方針演説の中で、国の方針として国際秩序に積極的に貢献することを常に強調しています。第４章で紹介したように、国際秩序への貢献は貿易立国オランダの国是になっています。オランダは国際機関に、優秀な人材を派遣するという面でも貢献しています。同じ貿易立国の日本は、オランダに勝るとも劣らず国際秩序の安定に依存していますが、その重要性がどれだけ国民に共有されているでしょうか。日本は、国際機関にＧＤＰの規模相応に多額の資金を提供していますが、優秀な人材を派遣するという面で、資金の大きさに見合うような貢献ができているでしょうか。

高学歴人材の国際的流動化の流れも無視できません。国籍に関係なく優秀な人材を引き付けることが企業にも国にも大事になってきていますが、日本企業のように英語が通じにくい環境では高学歴人材の国際流動化の流れに取り残されてしまいかねません。元日本ＩＢＭ社長の山城氏は、ＩＢＭの中国人やインド人の社員の中に、「なぜこんなに優秀なのだ」と驚くほど優秀な社員がたくさんいると言われています。このＩＢＭの例のように、国籍にとらわれずに優秀な高学歴社員を採用できるようになるためには、日本企業も、外国人社員を活用できるように、自らを世界の変化に合わせて変えていかなければならない時代です。

4　資本を上手く生かすスマートな経営

世界最初の株式会社は、一六〇二年に設立されたオランダの東インド会社です。株主から出資を募りましたので、資本を預かった会社はいかに多くの配当を株主に払えるかを問われました。世界最初の株式会社発祥以来の長い伝統を持つせいでしょう、オランダ企業は「資本を最大限生かす」という株式会社の基本をぶれることなく大事にしています。「資本を最大限生かす」という基本的指針が彼らの意思決定の背景にあることを理解すると、好不況にかかわらず行われる大胆な事業構造の転換やリストラがよく理解できます。かといって経営側が労働者の権利を無視して勝手放題しているわけでないことは第6章1、5で紹介したとおりです。

オランダの企業を見て、経営がスマートだと感じるのは、経営者が「資本を最大限生かす」というミッションからぶれることがなく、それに沿った戦略が出てくるからだと感じます。併せて彼らには、経営者が一方的に暴走しないように、見識ある企業経営経験者などからなるスーパーバイザリー・ボードがあり、これも上手く機能しています。

オランダ企業の経営戦略からも、そのコーポレート・ガバナンスのあり方からも日本は多くのものを学べるのではないでしょうか。

5　ビジネスはウィン／ウィン（Win/Win）で

オランダ人と接してウィン／ウィン（Win/Win）だと感じるのは、著者だけではありません。物事が決まる前は、オランダ人は言いたい放題言うので、初めての交渉の際には意見の隔たりに愕然とした経験がありますが、最後には大抵お互いに納得するところで落ち着きます。言いたいことはきちんと言うが最後にはウィン／ウィンになるよう協調的に判断するのがオランダ流です。

ビジネスの交渉だけではなく、ＪＣＣの活動で接する機会の多かった中央政府および地方自治体の政治家や役人もおしなべてウィン／ウィンの姿勢だと感じました。オランダに長く住むリヒテルズ直子氏によれば「ウィン／ウィン交渉はオランダ人の十八番《おはこ》」だといいます。

ウィン／ウィンは、信頼関係のあるビジネスを長く続ける上では、欠かせない大切な基本姿勢ですが、オランダに住めば住むほどそれを強く感じるということは、オランダ人の多くがウィン／ウィン的態度を身につけて、国民性のようになっているからだといえるでしょう。オランダ人の商売上手の秘訣の一つはこのウィン／ウィン的態度にもあるように思えます。

6　思考停止しない柔軟発想

第11章で紹介したように、売春、ソフトドラッグ、同性愛者の結婚、安楽死などの社会問題に取り組むオランダ人の発想には、目からウロコが落ちる思いがします。彼らは既成概念にとらわれず、社会現象をありのままに見て、現実を踏まえた独自の対応をしています。原理主義とは対極的な発想をするのが、オランダ流です。

「ダメなものはダメ」と決めつけて、社会問題がなくなればそれに越したことはないのですが、多くの場合、現実はそうはいきません。「ダメなものはダメ」で思考停止をせずに、好ましくない現実と社会秩序の折り合いがつくところまで考えを推し進めるのがオランダ流です。粘り強く考え、とことん議論したあげくに、発想の柔軟性とはこういうことを言うのかと思うほど斬新なアイデアを彼らは出してくるのです。

個別の社会政策の良し悪しについては、意見も分かれるでしょうが、机上の議論で思考停止をせずに、現実をありのままに見て考えを深め、柔軟な発想をするオランダ人の態度からは、大いに学ぶものがあります。

むすび

本書で紹介してきたように、オランダは日本の一歩先を歩いています。日本の一歩先を歩いているオランダは、日本の進むべき進路を指し示す羅針盤のような国です。

「小国なのにこんなに繁栄しているオランダのやりかたをわれわれはもっと勉強して、この国のやりかたを参考にする必要があります。」（元駐蘭小池大使）

この言葉に、使命感のようなものを触発されて本書を書きました。本書がオランダを知る上で多少なりとも役にたてばこの上ない喜びです。さらにオランダを知りたい方のためには、巻末に参考文献を掲載しました。

最後に、オランダ駐在中にお世話になった多くの方々および出版を勧めてくださった早稲田大学商学学術院の矢後和彦教授に心より感謝の意を表します。

二〇一六年八月

大槻紀夫

第 11 章

（1）March Resch: ONLY IN HOLLAND, ONLY THE DUTCH, Rozenberg Publishers, Amsterdam(2004)
（2）同上
（3）同上
（4）UN Department of Economics and Social Affairs, Population Division
（5）オランダ統計局 CBS 2011 and 2012
（6）前出　ONLY IN HOLLAND, ONLY THE DUTCH
（7）2004.02.02 毎日新聞出所
（8）OECD　生徒の学習到達度調査
（9）平成１７年版　国民生活白書
（10）オランダ統計局 CBS　2008 年
（11）TNO institute 2010
（12）体力・運動能力調査、2010
（13）英国の経済平和研究所、平和度指数、2011 年
（14）GLOBAL NOTE, 世界の武器輸出国別ランキング・推移 2015 年

第 12 章

（1）Museum statistics 2004
（2）C.　ヴェロニカ・ウェッジウッド「オラニエ公ウィレム」瀬原義生訳、文理閣、2008 年

第 13 章

（1）The Economist, April28th-May4th 2012

第6章

（1）内閣府「対日投資の現状」諸外国の対内直接投資残高・国別（平成20年1月）

（2）ARCレポート　オランダ2012/2013

（3）2015年：日銀国際収支統計

（4）日本生産性本部「労働生産性の国際比較」2014年版

（5）同上

（6）NFIAホームページ（ビジネス環境）

第7章

（1）国土交通省港計画課　世界の港湾別コンテナ取扱個数ランキング(2014)

（2）国際空港評議会、2015年

第8章

（1）UNICEF, WELL-BEING RANKING 2013

（2）オランダ統計局CBS、2015年

（3）Melbourne Mercer Global Pension Index 2011（給付水準、持続可能性、整合性による総合評価）

（4）Jacob Vossestein, Dealing with the Dutch, 2001 Kit Publishers-Amsterdam

（5）財務省、国民負担率（対国民所得比）の国際比較

（6）OECD Factbook 2015

（7）電通総研・日本リサーチセンター編、世界60カ国価値観データブック

（8）WHO（2014年段階で最も新しいデータ）

第9章

（1）2015年：日銀国際収支統計

（2）NFIAオランダ産業投資ニュース88

（3）ルディ・カウスブルック「西欧の植民地喪失と日本」（近藤紀子訳）草思社、1998年

（4）日本人学校HP（生徒数は2012年4月）

第10章

（1）ARCレポート　オランダ2012/2013

出典、資料出所

第１章

(1) The Economist, May 3rd-9th 2008

(2) Dealing with the Dutch, Jacob Vossestein, 2001 Kit Publishers-Amsterdam

(3) アムステルダム日本人学校テキスト「わたしたちのオランダ」

第２章

(1) Ｊ・ド・フリース・Ａ・ファン・デア・ワウデ「最初の近代経済：オランダ経済の成功・失敗と持続力　1500-1815」 大西吉之・杉浦未樹訳、名古屋大学出版会、2009 年

(2) "Dynamic Forces in Capitalist Development" Angus Maddison, Oxford 1991

(3) ジャック・アタリ『金融危機後の世界』林昌宏訳、作品社、2009 年

第３章

(1) European Economic Forecast autumn 2015

(2) ARC レポート　オランダ 2014/2015

(3) ①（財）国際貿易投資研究所　世界各国の GDP、②同　世界各国の輸出額、③日銀「2013 年末の本邦対外資産負債残高」、④ ARC レポート　オランダ 2014/2015、⑤ CIA World Factbook 2015

第４章

(1) Commitment to Development Index, Center for Global Development

第５章

(1) EUROSTAT

(2) OECD：Tax Database 2016, 財務省：付加価値税率の国際比較 2016

(3) EUROSTAT

(4) 日銀「2013 年末の本邦対外資産負債残高」

(5) 同上

(6) 同上

参考文献

異文化経営学会『異文化経営の世界』白桃書房、2010年
ウェッジウッド、C．ヴェロニカ（瀬原義生訳）『オラニエ公ウィレム』文理閣、2008年
太田和敬・見原礼子『オランダ：寛容の国の改革と模索』子どもの未来社、2006年
岡崎久彦『繁栄と衰退と』文藝春秋、1999年
カウスブルック、ルディ（近藤紀子訳）『西欧の植民地喪失と日本』草思社、1998年
倉部誠『物語　オランダ人』文藝春秋、1999年
司馬遼太郎『オランダ紀行』朝日新聞社、1994年
シャボット、ジャネット・あかね『自ら死を選ぶ権利』徳間書店、1995年
田口一夫『ニシンが築いた国オランダ』成山堂書店、2002年
ド・フリース、J／ワウデ、A・ファン・デア（大西吉之・杉浦未樹訳）『最初の近代経済：オランダ経済の成功・失敗と持続力　1500-1815』名古屋大学出版会、2009年
長坂寿久『オランダモデル』日本経済新聞社、2000年
永積昭『オランダ東インド会社』講談社、2000年
根本孝『ワークシェアリング』ビジネス社、2002年
ハイエルマンス（久保栄訳）『漁船天佑丸』角川文庫、1957年
ファンティールホフ、ミルヤ（玉木俊明他訳）『近世貿易の誕生』知泉書館、2005年
ブリュッセイ、レオナルド（深見純生他訳）『竜とみつばち』晃洋書房2008年
ブロール、モーリス（西村六郎訳）『オランダ史』白水社、1994年（Maurice Braure原書1974年）
ムルタトゥーリ（佐藤弘幸訳）『マックス・ハーフェラール』めこん、2003年
森田安一『スイス・ベネルクス史（世界各国史）』山川出版、1998年
ユーケース、ウィレム（長山さき訳）『よい旅を』新潮社、2014年
リヒテルズ直子『オランダの教育』平凡社、2004年
リヒテルズ直子『残業ゼロ授業料ゼロで豊かな国オランダ』光文社、2008年
March Resch: ONLY IN HOLLAND, ONLY THE DUTCH, Rozenberg Publishers, Amsterdam (2004)
Jcob Vossestein: DEALING WITH THE DUTCH, KIT PUBLISHERS-AMSTERDAM (2001)
Colin White & Laurie Boucke: The UnDuchables, WHITE BOUCKE (2005)
P. J. Rietbergen: A Short History of the Netherlands, Bekking & Uitgevers b.v., Amersfoort, (2006)

〈芸術、科学他〉

〈組織名〉

〈歴史〉

〈政治・経済〉

〈社会〉

索　引

〈人名〉

〈地名〉

〈会社名〉

【著者略歴】
大槻紀夫（おおつき・のりお）
1945年生まれ。一橋大学経済学部卒業。帝人株式会社入社、同社人事部課長、帝人在宅医療中部株式会社社長、帝人株式会社秘書部長、帝人グループ欧州総代表。在蘭日本商工会議所会頭（2005～06年）。国士舘大学客員教授（2016年9月時点）。IMD（スイスのビジネススクール）BPSEコース終了（2004年）。著書に『事業部制の実際』（共著、1991年）、『異文化経営の世界』（共著、2010年）、その他多数。

オランダから見える日本の明日
――〈しあわせ先進国〉の実像と日本飛躍のヒント――

2016年11月10日　初版第1刷発行

著　者　　大槻 紀夫
発行者　　長岡 正博
発行所　　悠 書 館

〒113-0033　東京都文京区本郷2-35-21-302
TEL 03-3812-6504　FAX 03-3812-7504
URL http://www.yushokan.co.jp/

印刷・製本：シナノ印刷

ISBN978-4-86582-026-3
定価はカバーに表示してあります。